아하!
이럴 땐
이런
속담

• 2024 대구광역시교육청 책쓰기 프로젝트 •

아하! 이럴 땐 이런 속담

글·그림 　대구강림초등학교
　　　　　5학년 3반 친구들
엮은이 　　김대조

* 지혜 쑥쑥, 슬기 솔솔 속담 이야기 *

재치 있는 속담 이야기를 읽고 지혜와 교훈도 얻고
어휘력과 문해력도 키워보세요!

바른북스

책을 펴내며

지혜가 쑥쑥, 슬기가 솔솔 묻어나는 속담 이야기!

   속담은 오래전부터 사람들이 특별한 의미를 두고 관습적으로 사용하던 말이에요. 반짝 타올랐다가 금방 사라지는 유행어와는 달리 아주 오랫동안 이어지며 우리의 역사와 문화를 담은 말이죠. 그래서 속담을 많이 알면 글의 의미를 이해하는 문해력이 높아지고, 속담을 많이 활용하면 정곡을 꿰뚫는 언어 표현을 잘할 수 있어요.

   이 책에는 대구강림초등학교 5학년 3반 친구들이 속담의 뜻을 되새겨 얻을 수 있는 지혜를 재미있게 꾸며 쓴 이야기들이 담겨 있어요. 어떤 이야기는 아하! 하는 탄성을 자아낼 재치 있는 지혜를 얻을 수 있고, 어떤 이야기는 초등학생이 펼치는 자기반성과 교훈을 느낄 수도 있어요. 그야말로 아이들의 눈높이에서 해석한 속담 이야기가 알차게 들어 있어요.

그런데, 우리가 어떻게 해서 책을 낼 수 있었을까요? 태어날 때부터 연필을 들고 종이 한가득 글을 쓰며 태어나진 않았겠죠? 모든 일이 그렇듯이 처음에는 어려웠어요. "글 한 편도 쓰기 어려운데 책을 어떻게 써?"라고 걱정하는 친구도 있었죠. 하지만 걱정만 한다고 일이 해결되지 않듯이, 우리는 계획을 세워 차근히 글쓰기를 시작했어요. '못 쓰면 어떡하지?'라는 걱정은 필요 없었어요. 못 쓰면 다시 쓰면 되니까요. 거창하게 글을 잘 쓰는 능력은 없지만, '어떻게든 해보자!'는 마음과 '그래도 하다 보면 뭐가 되겠지!'라는 의지만 있으면 돼요. 친구들과 함께 이야기를 구성하고, 글을 쓰고, 다시 읽으며 고치기를 수없이 반복했어요. 글자들이 모여 재미있는 이야기가 완성되어 가는 과정이 점점 재미있어졌어요. 그러다 보니 어느새 책이 한 권 뚝딱 만들어졌지요. 책쓰기 동아리 활동을 하는 동안 우리에게 정말 멋진 일이 일어났어요!

우리가 쓴 속담 이야기를 어떻게 읽으면 좋을지 살짝 알려줄게요. 일단 아무 생각도 하지 말고 재미있게 읽어보세요. 그리고 이야기 속에서 어떤 상황에서 속담을 사용했는지 생각해 보세요. 또 속담을 어떤 뜻으로 사용하는지도 알아보세요. 마지막으로 그 속담을 잘 기억해 두었다가 여러분도 비슷한 상황이 생기면 멋지게 속담을 사용하는 거예요. 친구들과 대화하며, 과제로 글쓰기를 하며, 속담을 적절히 사용하면 모르는 사이에 여러분은 언어의 달인이 되어 있을 거예요.

이 책이 나오기까지 아낌없이 따뜻한 응원을 보내주신 대구강림초등학교 이영숙 교장선생님과 김미영 교감선생님께 감사의 마음을 전합니다. 그리고 한 해 동안 책쓰기 동아리 활동의 재미에 빠져 열심히 글을 쓰고 그림을 그린 5학년 3반 친구들에게 끝없는 축하와 격려의 마음을 보냅니다. 앞으로 각자의 길에서 멋진 인생을 살아갈 친구들에게 이번 책쓰기 동아리 활동이 소중한 추억으로 남아 있기를 바랍니다. 어디에서든 오늘보다 더 행복한 내일을 맞이하기를 손 모아 기원합니다.

2024년 새봄에.
김대조 선생님

차 례

책을 펴내며

가는 말이 고와야 오는 말이 곱다	12
감나무 밑에 누워 홍시 떨어지기를 바란다	20
강 건너 불구경	30
겉 다르고 속 다르다	40
계란으로 바위 치기	50
고생 끝에 낙이 온다	58
길고 짧은 것은 대어 봐야 안다	66
도둑이 제 발 저린다	74
말이 말을 만든다	84
말이 씨가 된다	94

믿는 도끼에 발등 찍힌다	102
바늘 도둑이 소도둑 된다	110
열 번 찍어 안 넘어가는 나무 없다	120
우물에 가 숭늉 찾는다	130
원숭이도 나무에서 떨어질 때가 있다	138
윗물이 맑아야 아랫물이 맑다	146
작은 고추가 맵다	154
티끌 모아 태산	164
혀 아래 도끼 들었다	174
호랑이 굴에 들어가야 호랑이를 잡는다	182

가는 말이
고와야
오는 말이
곱다

가는 말이 고와야
오는 말이 곱다

깊은 숲속에 아주 맑은 샘물이 있었어요. 샘물은 숲속 동물 친구들에게는 정말 소중한 곳이었어요. 숲속에 사는 다람쥐와 토끼는 맑은 샘물을 마시러 갔어요.

먼저, 다람쥐가 샘물을 마시고 있었지요. 기다리던 토끼도 샘물을 먹고 싶었어요. 토끼는 다람쥐에게 비켜달라고 거칠게 말했어요.

"야, 박다람쥐, 빨리 비켜! 샘물을 너 혼자 다 먹으려고 그래?"

토끼가 거칠게 말하자 다람쥐는 들은 체도 하지 않았어요. 그러자 토끼가 다시 거칠게 말했어요.

"야, 박다람쥐! 빨리 비키라고! 이 샘물이 네 거야?"

토끼가 거친 말을 하니까 다람쥐도 비켜주기 싫어졌어요. 그러자 토끼가 다시 말했어요.

"야! 내 말 무시하냐?"

다람쥐가 태연하게 말했어요.

"누가 무시했냐?"

토끼가 답답하다는 듯이 다시 말했어요.

"그러니까 빨리 나오라고!"

"싫어. 좀 기다리면 안 되겠니?"

다람쥐가 샘물을 다 먹고 집으로 갔어요. 다람쥐가 자리를 비우자 토끼도 샘물을 시원하게 마셨어요.

토끼는 집으로 가서 생각했어요.

'하아, 내가 거칠게 밀하긴 했어도 이건 다람쥐가 너무한 거 아냐? 설마 자기 혼자 화내고 있는 건 아니겠지? 진짜 짜증 나!'

그리고 다음 날, 토끼는 숲속에서 예쁜 도토리를 보았어요. 그런데 도토리는 나무 위에 있어서 팔이 닿지 않아 잡을 수 없었어요.

그때, 그 옆에 다람쥐가 지나갔어요. 그리고 토끼는 생각했어요.
'아! 다람쥐는 잡을 수 있을 것 같은데…….'
토끼가 말했어요.
"야, 박다람쥐! 나 저거 좀 잡아줘."
다람쥐가 대답했어요.
"가는 말이 고와야 오는 말이 곱다라는 걸 모르니?"
토끼가 속마음으로 생각했어요.

'아, 이런 기분이었구나.'

토끼가 말했어요.

"다람쥐야, 내가 어제 말을 함부로 해서 미안해, 다음부터 그러지 않을게."

다람쥐가 말했어요.

"알겠어. 사과해 줘서 고마워. 내가 잡아줄게."

다람쥐가 도토리를 잡아서 토끼에게 주었어요.

다음 날 아침에 다람쥐와 토끼는 저번과 같이 맑은 샘물을 마시러 갔어요. 다람쥐가 먼저 샘물을 마셨어요.

토끼도 샘물을 마시고 싶어서 말했어요.

"다람쥐야, 나도 샘물을 마시고 싶어서 그런데 조금만 비켜줄 수 있니?"

다람쥐가 저번과 다르게 바로 비켜주었어요.

"어? 그래. 여기."

"고마워. 나도 빨리 먹고 비켜줄게!"

"고마워 토끼야!"

그렇게 토끼와 다람쥐는 샘물도 사이좋게 나눠 먹는 사이좋은 친구가 되었답니다.

가는 말이 고아야 오는 말이 곱다

● **속담 뜻풀이**

자기가 남에게 말이나 행동을 좋게 하여야 남도 자기에게 좋게 한다는 말.

[비슷한 표현] 엑 하면 떽 한다.

● **이런 문장 저런 문장**

① 네가 먼저 나쁜 말을 했잖아! '가는 말이 고와야 오는 말이 곱다.'라는 말을 몰라?
② 네가 먼저 고운 말을 했으니까 나도 고운 말을 해줄게. 가는 말이 고와야 오는 말이 고운 거니까.
③ 아이쿠! 네가 먼저 나쁜 말을 하니까 그 친구도 나쁜 말을 한 거지. 가는 말이 고와야 오는 말이 고운 거라고!

감나무 밑에 누워 홍시 떨어지기를 바란다

감나무 밑에 누워
홍시 떨어지기를 바란다

  나는 김도원이다. 왜인지는 모르겠지만, 난 면접에서 자꾸 떨어진다. 꽃다운 26살인데. 이전에 다니던 좋은 회사에서 사직서를 쓴 이후로 단 한 번도 면접에 합격한 적이 없다. 어디서부터가 잘못된 것인지 모르겠다. 이렇게 완벽한 사람을 왜, 도대체 왜 찾지 않는 걸까?
  "야, 나 오늘 면접 보기로 했어."
  내가 지유에게 당당하게 말했다.
  "또?"
  지유는 황당한 표정을 지으며 말했다. 쟤는 나의 소꿉친구 이지유이다. 이지유는 요즘 이 동네에서 잘나가는 카페 사장이다. 그것도 방송에도 나온 아주 유명한 곳!
  "오키! 나 진짜 통과할 수 있을 것 같아."
  나는 자신 있어 하며 말했다.
  '하! 또 시작이네, 또 떨어질 텐데……'

"아휴! 쯧 내가 좀 도와줄까?"

지유가 걱정하듯이 물었다. 하지만 난 자존심이 상했다.

'아 진짜. 지 잘나간다고 나한테 자랑하는 거야 뭐야?'

"아니? 안 도와줘도 난 무조건 붙을 거거든!"

지유의 도움도 거절하고 난 무슨 이유인지 자신이 넘쳤다. 그러다가 면접 날이 다가왔다.

면접 날.

'아, 드디어 면접 날이네. 난 무조건 통과할 거야!'

자신이 넘쳤다.

"김도원 씨, 들어오세요."
"안녕하세요! 김도원입니다."
나는 자신만만하게 말했다.
"다른 일을 해보신 경험은 있나요?"
사장님이 물었다. 나는 곧바로 대답했다.
"네 저야말로 일을 너무 잘해서. 뭐, 따로 연습할 건 없어요."
'후훗 역시 난 너무 말을 잘해. 역시 난 멋져! 나 김도원, 이제 취직하는 건가?'
다음 날 핸드폰에서 알람이 울렸다.
"띠링!"
"김도원 면접자님은 불합격입니다. 저희 회사에 지원해 주셔서……."
"안 돼! 이럴 순 없어. 이럴 수 없다고!"
그날 하루 종일 그 말이 맴돌았다.
'김도원 면접자님은 불합격입니다.'
"야 김도원! 김도원! 아 왜 불러도 답이 없냐? 아니 그래서 면접 어떻게 됐냐고!"

지유는 나를 흔들며 내 이름을 불렀다.

"아 어쩌라고! 묻지 마 짜증 나게!"

나는 지유에게 소리쳤다.

"아, 떨어졌구나. 아! 내가 아는 사람이 치킨집 하는데 거기라도 소개해 줄까?"

"역시! 인맥 넓은 내 친구 지유, 지유야 고맙다! 이번엔 그 사람이 날 알아봐 줄 거야! 난 완벽하니까!"

내가 환하게 웃으며 말했다.

"이제 진짜 마지막이다. 알았지? 가서 좀 열심히 해봐라!"

지유가 어깨를 으쓱 올리며 말했다. 나는 자신이 넘쳐흘렀다. 지유는 자신감 넘치는 내 모습을 보며 무언가 생각했다.

'하! 또 떨어지면 그냥 무시해야지. 그나저나 쟤는 똑바로 하고 싶긴 하려나?'

지유는 궁금했다.

치킨집 면접 날.

"안녕하쇼!"

난 고개를 끄덕거리며 인사했다. '이까짓 치킨집이야 날 떨어뜨릴 일이 없겠지.'라는 자신감이 넘쳤다.

"아, 안녕하세요. 그, 김도원 씨?"

치킨집 사장이 오히려 긴장한 듯이 물었다.

"네 맞아요."

"이거 비슷한 일 해본 것 있으세요?"

사장님은 친절하게 물었다.

"없는데요?"

나는 아주 당당하게 대답했다.

"아, 지원 동기는요?"

"친구가 소개해 줘서요."

사장님은 솔깃하며 말했다.

"누구 친구요?"

"네? 아, 지유라고."

"아. 네 알겠습니다. 결과 나오면 알려드리겠습니다."

사장님은 좀 실망한 듯 말했다. 나는 당당히 집으로 가 합격을 기다렸다.

"띠로리로링!"

"어! 뭐지? 왔나? 에이 아니잖아! 이 지긋지긋한 광고문자……."

나는 기다리는 게 지겨워졌다.

"아직 안 왔어?"

지유가 그럴 줄 알았다는 듯 물었다.

"아 몰라."

"하. 떨어져서 연락이 안 오는 거겠지."

지유는 한숨을 쉬며 말했다.

"그래. 난 결심했어! 이 작은 가게에서는 날 알아주는 사람이 없는 거야! 나는 오성전자 면접을 볼 거야!"

난 결심했다. 나 같은 인재는 역시 우리나라 최고의 오성전자쯤은 가져야 된다.

'이번엔 제발 도원이 합격하게 해주세요!'

지유도 기도했다.

"으아아악! 말도 안 돼! 내가 1차 면접에서 떨어지다니!"

난 절망하였다.

"야! 당연한 거잖아! 너 맨날 노력도 안 하고 맨날 놀기만 하고 *감나무 밑에서 홍시 떨어지기를 바라냐고!*"

"아. 미안해 다음 면접은 꼭 열심히 해서 합격해 볼게."

나는 지난 일들이 후회되었다. 가만히 감나무 밑에 누워서 홍시가 떨어지기를 바랐던 나의 모습을.

"그래. 앞으론 열심히 하자. 반성해서 다행이네."

그렇게 나는 부지런히 준비해서 다음 면접을 보았다. 드디어 기다리고 기다리던 소식이 돌아왔다.

"띠링! 김도원 님, 저희 회사에 합격하셨습니다. 축하드립니다!"

감나무 밑에 누워 홍시 떨어지기를 기다린다

● 속담 뜻풀이

아무런 노력도 하지 않고 좋은 결과를 얻길 바란다는 말.
[비슷한 표현] 수주대토(전혀 가망 없는 일을 기대하는 어리석은 행동)

● 이런 문장 저런 문장

① 너는 왜 자꾸 감나무 밑에서 홍시 떨어지길 바라니?
② 왜 사냥꾼은 나무 밑에 누워서 토끼를 잡길 원할까요?
③ 난 감나무 밑에서 홍시 떨어지길 기다리는 사람이 싫더라.

강 건너 불구경

강 건너 불구경

5학년 3반 삼총사인 승현이, 도연이, 성민이가 있었다.
"우리 떡볶이집 가자!"
승현이가 말했다.
"그래 좋아!"
성민이도 좋아했다. 세 친구는 맛나맛나 떡볶이집 앞에서 만나서 기대하며 가게 안으로 들어갔다.
"저기요! 아줌마! 매콤한 떡볶이 3인분이랑 따뜻한 군만두 한 접시 주세요."
아줌마가 웃으시며 말씀하셨다.
"아이고 알겠습니다. 특별히 우리 단골손님 맛나맛나 떡볶이 3인분 드리겠습니다."
떡볶이가 나오기까지 세 친구는 떡볶이 맛을 상상하며 침을 흘리고 있었다. 드디어 떡볶이가 나왔다.

"많이 먹어. 오늘은 내가 계산할게."

승현이가 말했다.
"오, 정말? 땡큐!"
도연이와 성민이는 좋아했고, 얻어먹는 떡볶이는 더 맛있었다. 셋은 떡볶이를 맛있게 먹고 각자 집으로 갔다.
다음 날, 학교 체육시간에 피구를 했는데 승현이와 도연이는 서로 다른 편이 되었다.
'어떡하지? 승현이는 공으로 하는 운동은 잘하는데……'
도연이는 승현이와 다른 편이 된 것이 안타까우면서도 걱정이 되었다.
경기가 시작되고 승현이가 공을 잡았다. 도연이는 긴장이 되었다. 승현이가 도연이 쪽으로 공을 던졌는데 코에 맞아서 코피가 많이 났다. 하지만 승현이는 사과도 없이 계속 피구만 했다. 성민이도 마찬가지였다.

도연이는 보건실을 갈 때도 계속 짜증이 났다. 친한 친구가 자신의 아픈 것을 모른척해서 더 기분이 나빴다.

도연이는 혼자 보건실에 들어갔다.

"안녕하세요, 선생님!"

보건 선생님이 도연이를 보고 물으셨다.

"무슨 일이니 도연아?"

"선생님! 체육시간에 코에 공을 맞아서 피가 났어요!"

도연이가 숨을 헐떡이며 말했다. 선생님이 다정하신 말투로 말씀하셨다.

"이리로 와 봐."

"네."

결국 도연이는 체육도 제대로 하지 못하고 교실로 가게 되었다.

쉬는 시간, 도연이는 화가 나서 승현이에게 따졌다.

"야, 윤승현!"

"뭐!"

그때 성민이가 지나갔다.

"잘됐다. 성민아, 너도 아까 윤승현이 나한테 공 던지고 내가 코피 나는데 무시하는 거 봤지?"

"몰라."

"어떻게 그럴 수 있어?"

"뭐가?"

그 말을 하고 성민이는 교실로 들어갔다.

"봐! 성민이도 아니라고 했잖아!"

승현이도 교실로 들어갔다.

'쟤들이 나한테 어떻게 이럴 수 있지?'

도연이는 친한 친구와의 우정에 금이 가는 것을 느꼈다.

다음 날, 또 피구를 했다. 이번에는 승현이와 도연이가 같은 편이 되었다. 상대편이 잘해서 도연이네 편 친구들이 많이 아웃되었다. 그러다가 결국 승현이와 도연이 둘만 남았다. 그런데 어제 있었던 일로 승현이와 도연이가 서로 패스도 하지 않았다. 협력이 안 되니 당연히 피구 경기에서 결국 지고 말았다. 둘은 남 탓을 하다 결국 싸웠다. 그 상황을 성민이는 보고만 있었다.

그때, 반장이 나와서 승현이와 도연이를 말렸다. 승현이와 도연이는 반장의 말을 듣지 않고 계속해서 싸웠다.

그러다가 반장은 단짝 친구 성민이에게 말했다.

"야! 김성민! 너는 왜 네 단짝이 싸우고 있는데 강 건너 불구경만 하고 있냐?"

성민이는 승현이와 도연이가 싸우는 것을 보고만 있던 게 후회되었다. 그제야 성민이가 나섰다.

"내가 너무 모른척하고 있었나 봐."

다행히 싸움은 선생님이 말려주셔서 끝났다.

다음 날 학교에서 성민이가 승현이와 도연이를 불렀다.

"얘들아, 미안해 내가 너희 싸움을 말렸어야 하는데 내가 너무 강 건너 불구경했나 봐."

승현이와 도연이가 머쓱하게 말했다.

"괜찮아."

그리고 승현이가 말했다.

"그래도 사과해 줘서 고마워 성민아. 아 그리고 도연아 내가 너한테 공 던지고 네가 코피 나는데 무시해서 미안해."

승현이의 말을 듣고 괜찮은 표정으로 도연이가 말했다.

"괜찮아 성민아. 너도 사과해 주어서 고마워. 우리 이제 다시 친하게 지내자."

이렇게 삼총사의 싸움은 끝이 났고, 그 뒤로 세 친구는 서로에게 무슨 일이 생기면 강 건너 불구경하지 않았다. 지금까지도…….

강 건너 불구경

● 속담 뜻풀이

자기에게 관계없는 일이라고 생각하여 무관심하게 방관하는 모양.

[비슷한 표현] 수수방관(팔짱을 끼고 보고 있다는 뜻으로 간섭하거나 거들지 아니하고 그대로 버려둠)

● 이런 문장 저런 문장

① 강 건너 불구경하듯 하지 말고 빨리 도와주거라.
② 사람들은 도로에서 폭행당하는 사람을 보고도 강 건너 불구경하듯 바라만 보고 있었다.
③ 남의 어려움을 강 건너 불구경하면 네가 어려울 때 도움을 받을 수 있을까?

겉 다르고
속 다르다

겉 다르고 속 다르다

아름, 다름이는 여자 쌍둥이다. 아름, 다름이가 다니는 름름학교 5학년 3반은 오늘도 시끌벅적하다.

"야! 김아름 너 샤프 예쁘다?"

다름이가 큰 목소리로 아름이의 샤프를 뺏었다. 아름이도 질 수 없다며 큰 목소리로 말했다.

"아니! 내 거잖아."

그 순간 선생님이 들어오셨다.

"너희 뭐 하니?"

문이 쾅! 열리며 선생님께서 말씀하셨다. 둘은 교무실로 불려갔다. 선생님이 말씀하셨다.

"너희! 다음부터 그러면 안 돼!"

아름이와 다름이가 주눅 든 목소리로 말했다.

"선생님 죄송합니다. 다음부터는 안 그럴게요."

아름이와 다름이는 반성하는 척하며 뒷골목으로 갔다.
아름이가 작은 목소리로 말했다.
"난 아무 잘못 없는데."
다름이는 아름이를 툭툭 건드리다 째려보며 말했다.
"야! 네가 무슨 잘못이 없냐? 너 때문에 이런 거잖아!"
아름이가 울먹거리다가 참았던 눈물을 흘렸다.

그때 뒷골목에서 산책하고 있던 친구, 찬희가 그 광경을 목격했다.
찬희를 짝사랑하던 다름이는 찬희의 얼굴을 보자 얼굴이 사과같이 빨

개져서 도망갔다. 찬희가 의아한 표정을 짓자 아름이도 뻘쭘한 듯 주춤주춤하다가 다름이를 따라 뛰어갔다.

"딩동댕동~!"

학교 끝나는 종이 울렸다. 아름이와 다름이, 찬희가 가방을 싸고 있었다. 아름이가 말했다.

"얘들아, 우리 떡볶이 먹으러 갈래?"

다름이가 좋아하며 말했다.

"좋아! 같이 가자."

'저벅저벅'

다름이가 걸어가며 마음속으로 생각했다.

'음, 찬희에게 어떤 식으로 고백을 해야 할까?'

그때 찬희가 말했다.

"아! 맞다. 나 학원 있다! 미안 나 먼저 갈게!"

"아……. 찬희야!"

다름이가 찬희를 애타게 불렀다. 하지만 찬희는 사라지고 난 뒤였다. 다름이가 황당한 듯이 비웃으며 말했다.

"하……. 뭐지?"

아름이도 서운한 듯 말했다.

"그러게. 우리 둘이서라도 먹으러 갈래?"

"하! 그냥 너 혼자 먹어."

다름이는 찬희가 가버리자 떡볶이 생각이 사라졌다. 그래서 그냥 싫다는 듯이 말하고 휙 가버렸다. 어쩔 수 없이 아름이는 혼자 떡볶이를 사 들고 가고 있었다.

"어? 찬희 아닌가?"

저 멀리서 찬희가 아름이에게 인사를 하고 있었다.

"아름아!"

찬희가 인사하며 아름이를 불렀다.

"안녕!"

아름이는 놀란 표정으로 물었다.

"어? 너 학원 간 거 아니었어?"

찬희는 학원이 있는 줄 알고 착각하고 있었다며 머쓱한 표정을 지었다.

"어? 너 떡볶이 먹네? 나도 같이 먹자."

둘은 벤치에 앉아 수다 떨며 맛있게 떡볶이를 먹었다.

다음 날.

"아름아!"

찬희가 아름이를 큰 목소리로 불렀다. 선생님의 심부름으로 교무실에 가다가 찬희와 대화하는 아름이를 보고 다름이는 화가 나 주먹을 꽉 쥐고 있었다.

그날 점심시간, 다름이는 아름이를 뒷골목으로 따라오라고 불렀다.

"야! 너 내가 찬희 좋아하는 거 알면서 그런 거지?"

다름이가 화난 듯 흥분한 목소리로 말했다. 아름이는 아니라며 오해라고 계속 설명했다. 그때 찬희가 큰소리를 듣고 뒷골목으로 찾아왔다.

"너희들 뭐 해?"

다름이는 찬희를 보자마자 몸이 얼음처럼 굳어버렸다. 자기가 나쁘게 행동한 것을 찬희가 보았을까 봐 걱정되었기 때문이다.

"아, 아니……. 그게."

아름이는 더는 못 참겠다며 소리를 질렀다.

"다름이 넌 왜 다른 애들 있는 데서만 착한척하고, 나한테는 함부로 말해?"

다름이는 찬희 앞에서 자기 비밀을 들킨 것 같아 부끄러워졌다. 다름이는 찬희를 쳐다보지 못하고 그냥 도망가 버렸다. 찬희도 당황스러워서 그 자리를 피했다.

그리고 며칠 동안 다름이는 아파서 학교에 나오지 않았다. 찬희는 다름이가 걱정되어 아름이에게 물어보았다.

"아름아 다름이는 어때?"

"어? 그냥 컨디션이 안 좋아서."

얼마 후 다름이가 산책을 나갈 때 찬희와 마주쳤다.

"어? 찬희야."

다름이가 힘없는 목소리로 찬희를 불렀다.

"찬희야, 내가 며칠 동안 생각을 많이 해봤어. 그동안 너 앞에서 착한척하며 친구들에게 함부로 한 게 너무 부끄러웠어. 난 정말 *겉 다르고 속 다른* 아이였어."

다름이가 속마음을 털어놓고 찬희의 대답을 기다렸다. 찬희는 잠시 생각하고는 이렇게 말했다.

"괜찮아. 내가 지금까지 봤던 너의 겉모습이 이제 너의 진짜 모습이 되겠지."

"그래 내가 꼭 노력할게. 믿어줘!"

다름이는 약속한다는 뜻으로 새끼손가락을 내밀었다. 찬희도 웃으며 손가락을 걸고 약속했다.

"우리 더 친하게 지내보자."

"고마워. 나도 친구들에게 좋은 모습만 보이도록 노력할게. 정말 약속해!"

다름이와 찬희는 기분 좋게 웃었다.

겉 다르고 속 다르다

● 속담 뜻풀이

마음속으로는 좋지 않게 생각하면서 겉으로는 좋은 것처럼 꾸며서 행동한다는 말.

[비슷한 표현] 표리부동(겉으로 드러나는 언행과 속으로 가지는 생각이 다름)

● 이런 문장 저런 문장

① 겉 다르고 속 다르게 행동하는 넌 두 번 다시는 보고 싶지 않아.
② 앞에서는 웃고 뒤에서는 뒷담화하는 너는 겉 다르고 속 다르구나.
③ 넌 정말 겉 다르고 속 다르지 않아서 믿을 수 있어.

계란으로 바위 치기

계란으로 바위 치기

 짜장이는 중국 요리 고수의 아들, 짬뽕이는 최고의 요리사가 꿈인 아이다. 짜장이와 짬뽕이는 같은 반 친구이자 요리 라이벌이기도 하다.
 어느 날, 짜장이가 짬뽕이에게 말했다.

"나는 중국 요리의 고수 밑에서 태어나서 그만큼 실력이 뛰어난데 너는 어쩌니?"

"나도 열심히 하고 있다고."

짬뽕이는 짜장이가 부러웠지만 그래도 짜장이에게 지기는 싫었다. 그러던 중, 짬뽕이와 짜장이는 중국 요리 만들기 대회 홍보지를 보았다.

"저런 건 내가 나가야지!"

짜장이가 얄밉게 웃으며 말했다. 그러자 짬뽕이도 자신 있게 말했다.

"나도 나가야지!"

"뭐? 네가? 너 진짜 웃기다. 히히!"

"왜? 난 나가면 안 돼?"

"넌 당연히 나한테 질걸? 계란으로 바위 치기도 몰라? 난 바위고 넌 계란이야. 너 그러다 깨진다. 큭큭!"

짜장이가 짬뽕이에게 말했다.

"그건 두고 봐야 알걸? 난 꼭 나갈 거야!"

그리고 다음 날이 되었다.

"흠. 무슨 요리를 만들까? 그래! 내가 중국 요리를 개발해 보는 거야!"

짬뽕이는 요리 대회에서 무슨 요리를 할지 고민했다.

"음. 그런데 중국 특유의 맛과 향이 나야 하는데……. 음, 중국은 매운 음식들을 좋아하니 매콤한 것을 만들어 볼까?"

짬뽕이의 아빠가 그 모습을 보더니 말했다.

"짬뽕아, 일단은 네가 잘 아는 중국 요리부터 만들어 보자. 바로 개

발하지 말고."

"네."

짬뽕이는 여러 중국 요리를 만들어 보았다. 짜장면부터 탕후루까지. 어느 정도 실습을 거치고 자신감이 생겼다.

"그래! 이제 나만의 요리를 진짜 개발해 보자!"

얼마 뒤, 그렇게 짬뽕이는 '랑양'이라는 요리를 개발했다. 랑양은 쫄깃한 면발에 싱싱한 해물을 더해 매콤달콤하게 볶아낸 해물볶음면이다.

"와! 랑양이면 중국 요리 대회 1위를 할 수 있겠어!"

짬뽕이가 자신 있게 말했다. 그리고 대회 날이 다가왔다.

"김짬뽕! 네가 감히 나를 이길 수 있을 것 같아?"

짜장이가 짬뽕이를 비웃으며 말했다. 짬뽕이도 받아쳤다.

"내가 1등 할 수 있을 만한 음식을 개발해 냈거든? 그래서 내가 꼭 1등 할 거야!"

둘은 그렇게 요리 대회에 참가하였고 치열한 경쟁이 시작되었다. 심사위원이 종을 치며 대회가 시작되었다.

짜장이는 일반적인 짜장면과 짬뽕을 만들었지만 짬뽕이는 자신이 개발한 랑양을 만들었다. 짬뽕이가 흐뭇해하며 말했다.

"흠, 아주 좋아! 랑양이 매콤하고 짭짤해서 맛있어 보이잖아?"

제한 시간이 다 되자, 심사위원은 맛보기를 시작했다. 시식이 끝나자 심사위원은 순위를 말했다. 짬뽕이는 심사위원을 바라보았다. 두근

대는 순간이었다.

"3등은 단무지, 2등은 박짜장, 마지막으로 1등은 김! 짬! 뽕!"

"와! 내가 이겼어!"

짜상이가 외쳤다.

"어떻게 된 거지? 분명히 대회 전까지는 내가 더 뛰어났는데."

"네가 *계란으로 바위 치기라고* 했지? 너는 연습을 안 하니까 실력이 줄어든 거지. 열심히 연습한 내가 이제 바위가 된 거야."

짜장이가 미안한 말투로 말했다.

"짬뽕아, 내가 너한테 나보다 실력이 부족하다고 말해서 정말 미안해."

"그래 알았어. 우리 이제 앞으로 중국 요리를 함께 만들어 보자."

 그 뒤로 짬뽕이와 짜장이는 중국 요리를 함께 만들면서 선의의 경쟁을 해나갔다. 언젠가는 요리의 고수가 되기 위해…….

계란으로 바위 치기

● **속담 뜻풀이**

저항해도 안 되는데 무모하게 맞서 싸운다는 말.
[비슷한 표현] 바위에 머리 받기

● **이런 문장 저런 문장**

① 나는 연습을 했고 너는 연습을 안 하는데 왜 자꾸 지면서 덤비니? 계란으로 바위 치기, 모르니?
② 헉! 계란으로 바위 치기라더니. 연습을 많이 한 너에게는 못 이기겠구나.
③ '계란으로 바위 치기'라는 걸 알아? 이제 내가 바위고, 네가 계란이야!

고생 끝에 낙이 온다

고생 끝에 낙이 온다

축구를 좋아하는 12살 소년 강찬이가 있었다. 그 아이의 꿈은 축구부에 들어가는 거다.

강찬이의 생일날. 엄마, 아빠가 생일 선물로 축구공과 축구화를 사주셨다. 강찬이에게는 최고의 선물이었다. 그리고 엄마가 떡 케이크를 해주셨다.

"생일 축하합니다, 사랑하는 강찬이의 생일 축하합니다."

"후!"

다음 날, 강찬이는 신이 나서 축구부에 들어가기 위해 축구부 감독님을 찾아갔다.

"안녕하세요? 제 이름은 고강찬입니다. 저도 축구부에 들고 싶어요."

감독님이 강찬이를 보며 말씀하셨다.

"그래? 일단 입단 테스트를 봐야 한다."

"네, 알겠습니다."

강찬이는 씩씩하게 대답했다. 감독님은 강찬이를 데리고 운동장으로 갔다.

"운동장으로 가자."

"넵!"

운동장에 가서 감독님이 강찬이에게 축구공을 주며 말했다.

"이 공을 차서 골대에 넣어보거라."

강찬이는 감독님 앞에서 공을 차려니 떨렸다. 있는 힘껏 공을 찼는데 아쉽게도 공이 골대를 빗나갔다.

"아쉽지만 불합격이다. 연습을 더 해야겠어. 그럼 난 가봐야겠다."

강찬이는 아쉬운 마음으로 집으로 돌아갔다. 하지만 그대로 포기할 수 없었다. 그날부터 강찬이는 축구 연습을 열심히 했다. 땀이 목까지 나도 말이다.

하루, 이틀, 사흘, 나흘……. 슛 연습을 매일 굉장히 많이 했다. 그리고 일주일 후. 드디어 슛이 제대로 들어갔다.

며칠 뒤, 강찬이는 당당하게 축구부 감독님께 다시 갔다. 이번에는 자신 있게 감독님께 부탁했다.

"감독님, 기회를 한 번만 더 주세요."

"그래? 연습은 좀 했니? 알겠다."

이번에도 운동장으로 갔다. 강찬이가 공을 찼다. 하지만 이번에도 공이 빗나갔다. 감독님 앞에서 테스트를 받으려니 이상하게 잘되지 않았다. 감독님은 한숨을 쉬며 자리를 떠났다.

강찬이는 실망스러웠지만 역시 포기할 수는 없었다. 더욱 열심히 훈련을 하려고 야간 훈련까지 했다. 밤에 어두워서 넘어지고, 피가 나도 열심히 했다. 땀이 나도 강찬이의 야간 훈련은 멈추지 않았다.

그러던 어느 날, 감독님이 우연히 열심히 연습하는 강찬이를 보았다.

"얘야, 너 혹시 저번에 테스트를 보았던 친구 맞지?"

"네 감독님!"

"정말 축구 열정이 강하구나. 너 이름이 뭐였더라?"

"저는 고강찬입니다."

"강찬아, 너 내일 축구부에 오거라. 내일 보자."

"네? 감사합니다!"

다음 날, 강찬이는 축구부로 갔다. 감독님이 반겨주셨다.

"지금부터 강찬아 나를 따라오거라."

강찬이는 감독님을 따라 운동장으로 갔다.

"감독님, 여기는 왜 오셨어요?"

강찬이의 질문에 감독님이 말씀하셨다.

"저기 골대에 골을 넣을 수 있겠니?"

"네!"

강찬이가 자신 있게 말했다. 그러고는 자세를 바로잡았다. 공을 힘껏 찼다. 드디어 축구공이 제대로 골대를 향했다.

"야호!"

"잘했어! 강찬아, 너는 이제 축구부다. 내일부터 훈련하러 오거라. 나중에 잘하게 되면 축구부 옷도 지원해 줄 거다."

"네 감사합니다. 감독님."

강찬이는 집으로 돌아왔다. 상찬이는 축구부가 된 게 실감이 나지 않았다.

'내가 축구부라니!'

강찬이는 열심히 연습하고 또 연습했다. 감독님도 강찬이의 성실함을 인정하셔서 드디어 경기에도 참여하게 되었다.

"옥포FC 대 부산FC 경기를 시작하겠습니다!"

"삐익!"

호루라기가 울렸다.

경기가 진행되고 강찬이에게 기회가 찾아왔다. 골대 앞에서 강찬이에게 공이 넘겨졌다.

"고강찬 선수, 공을 잡았습니다! 슛!"

"고오오오올입니다!"

전반 15분에 강찬이가 골을 넣었다.

"옥포FC 9번 고강찬 선수 골을 넣었습니다."

"내가 골을 넣다니!"

강찬이는 그동안 고생하며 연습했던 날들이 떠올랐다.

"역시, 고생 끝에 낙이 오는구나!"

그 후 강찬이는 유명한 프로 축구 선수가 되었다.

고생 끝에 낙이 온다

- **속담 뜻풀이**

어려운 일이나 고된 일을 겪은 뒤에는 반드시 즐겁고 좋은 일이 생긴다는 말.
[비슷한 표현] 태산을 넘으면 평지를 본다.

- **이런 문장 저런 문장**

① 열심히 포기하지 않으면 고생 끝에 낙이 온다.
② 고생한 만큼 낙이 온다.
③ 힘들어도 노력하면 좋은 결과가 오는 거야. 고생 끝에 낙이 오는 거 알지?

길고
짧은 것은
대어 봐야
안다

길고 짧은 것은
대어 봐야 안다

어느 숲속 마을에 동물 친구들이 살았다. 그중 곰은 친구들을 괴롭혔다. 다람쥐는 작다고 곰에게 괴롭힘을 많이 당했다.

곰은 잘난 척도 많이 했다. 참지 못해 원숭이는 곰에게 찾아갔다. 원숭이는 곰과 겨루어 곰의 코를 납작하게 해주고 싶었다. 원숭이가 말했다.

"곰아, 나랑 3종 경기 하자!"

곰이 비웃으며 말했다.

"너랑? 내가? 네가 날 이길 수 있을 것 같아?"

"길고 짧은 것은 대어 보아야 알지. 누가 이기나 한번 해보자."

"그래 좋아! 대신 첫 번째 종목은 내가 고를게!"

원숭이가 말했다.

"그래 좋아! 내일 바나나 나무에서 만나자!"

다음 날, 곰과 원숭이는 바나나 나무 아래에서 만났다.
"첫 번째 경기는 이 바나나 나무를 뽑는 거야."
곰이 제안을 했고, 원숭이는 자신에게 많이 불리한 경기였지만 승낙을 했다. 당연한 결과였겠지만 곰은 손쉽게 나무를 뽑았고, 원숭이는 낑낑거리며 못 뽑았다. 결국 첫 번째 경기는 곰이 이겼다.
"두 번째 경기는 내가 정할게."
이번에는 원숭이가 종목을 정했다.
"두 번째는 나무 오르기야. 바나나 나무 꼭대기까지 누가 먼저 올라

가는지 대결해."

두 번째 경기는 곰에게 불리했지만, 곰도 어쩔 수 없이 하기로 했다. 경기가 시작되고 곰은 몸이 커서 못 올랐지만 원숭이는 쉽게 올라갔다. 당연히 원숭이가 두 번째 경기에서 이기고 둘은 1대1이 되었다.

세 번째 경기는 공정하게 둘 다 동의해서 바나나 많이 떨어뜨리기로 정했다. 원숭이와 곰이 모두 누가 이길지 선뜻 판단할 수 없었다.

곰은 힘으로 바나나 나무를 통째로 잡고 흔들었다. 원숭이는 바나나 나무에 올라가서 바나나를 떨어뜨렸다. 곰이 거의 이기고 있을 때 사슴과 토끼가 응원을 해주었다.

"원숭이야, 힘내라!"

그때 바나나 나무에는 원숭이의 친구인 다람쥐가 미리 숨어 있었다. 그동안 곰의 괴롭힘에 당한 게 있어서 친구를 도와주고 싶었던 것이다. 원숭이 친구가 도와주자 바나나는 점점 쌓이고, 결국 원숭이가 대결에서 이겼다.

곰은 억울했다.

'내가 어떻게 저런 애한테 질 수 있지?'

원숭이가 말했다.

"곰아 *길고 짧은 것은 대어 봐야 한다고 했지?* 이제부터 친구들을 괴롭히지 말고 다 같이 친하게 지내자."

곰이 말했다.
"미안해 내가 너희를 너무 괴롭힌 것 같아."
원숭이가 말했다.
"그래 우리 이제 같이 사이좋게 지내자."
곰이 부끄러워하며 말했다.
"응!"
곰과 원숭이, 숲속 친구들은 이제 놀이터에서 같이 놀고, 먹을 것도 나눠 먹었다. 숲속 마을은 평화로운 마을이 되었다.

이럴 땐 이런 속담

길고 짧은 것은 대어 봐야 안다

● 속담 뜻풀이

크고 작고, 이기고 지고, 잘하고 못하는 것은 실제로 겨루어 보거나 겪어 보아야 알 수 있다는 말.

[비슷한 표현] 밥인지 죽인지는 솥뚜껑을 열어 봐야 안다.

● 이런 문장 저런 문장

① 이기고 지고는 대어 보아야 한다.
② 누가 이길지는 나중에 알겠지. 길고 짧은 것은 대어 보아야 아는 거야.
③ 네가 이길 거라 낙담하지 마. 길고 짧은 것은 대어 보아야지. 내가 이길 수도 있어.

도둑이
제 발
저린다

도둑이 제 발 저린다

거짓말을 잘하는 수현이는 대강중학교에 다니는 1학년 아이다. 며칠 뒤 학교에서 중요한 시험을 앞두고 있었다. 그런데 수현이는 공부할 생각이 전혀 없었다. 그런 수현이를 보고 엄마는 계속 말했다.

"수현아! 시험이 얼마 안 남았는데 공부 좀 해야 되지 않겠어?"

이 말을 들을 때마다 수현이는 얼굴이 찡그려졌다. 그러다가 좋은 생각이 났다.

"엄마 나 독서실 가게 돈 좀 줘."

엄마의 얼굴 표정이 밝아지면서 말했다.

"그래? 이제 수현이도 공부를 하려는구나. 철 좀 들었네. 알았어, 해 지기 전까지는 들어와."

엄마는 수현이가 드디어 공부를 시작하는구나 싶어서 기분이 좋아졌다. 그래서 수현이에게 돈을 주었다.

"자, 여기 10,000원."

수현이는 속마음으로 생각했다.

'엄마한테 받은 돈으로 pc방 가야지~ 헤헤헤.'

수현이가 집을 나섰다. 수현이는 기대하며 말했다.

"히히히 pc방 재밌겠당."

수현이가 웃으며 pc방에 들어갔다.

"아저씨, 6시까지요!"

"10,000원입니다."

수현이가 10,000원을 냈다. 수현이가 한참 동안이나 게임을 하는데 엄마에게 전화가 왔다.

"전화 왔어요! 딴 사람 거 아니니까 전화 받아요~!"

수현이는 다급히 나가며 전화를 받았다. 엄마가 먼저 말을 했다.

"수현아, 공부 잘 하고 있어?"

수현이가 말했다.

"다, 당연하지!"

엄마가 말했다.

"응. 잘하고 있어! 우리 딸 파이팅! 그래도 시험 못 칠 일은 없겠다."

"뚝……."

수현이는 전화를 끊고 다시 게임을 하러 갔다. 하지만 기쁨도 잠시, 6시가 거의 다 되어갔다.

"에이 뭐야, 15분밖에 안 남았잖아 피이!"

수현이는 컴퓨터를 껐다. 그리고 수현이는 pc방에서 나갔다. 쾅! 쾅! 쾅! 수현이가 화를 내며 걸어갔다.

"아 진짜! 왜 벌써 6시야!"

수현이가 집에 들어갔다.

"우리 딸, 공부 잘하고 왔어? 자, 이 바나나 좀 먹어."

엄마가 따뜻한 목소리로 말해줬다.

"어, 어, 알았어. 나중에 먹을게 나중에!"

수현이가 문을 쾅 닫으며 방에 들어갔다.

"아, 불안해……."

엄마가 말했다.

"수현아, 학원 가야지."

"엄마! 오늘 토요일이잖아!"

"그렇네? 호호! 미안행!"

엄마가 장난스럽게 사과했다

"흠, 수현이가 원래 저렇게 까칠했었나? 수현아, 엄마 마트 좀 갔다 올게! 집 좀 잘 보고 있어!"

"알았어, 알았다고!"

엄마가 나가자마자 수현이는 컴퓨터를 켜고 또 게임을 했다. 그런데 갑자기 불안이 몰려왔다.

"아! 어떡하지……."

따르릉~~ 갑자기 전화가 왔다.

"받기 귀찮은데 그냥 끊어야지."

그런데 전화가 계속 울렸다.

"아, 진짜!"

수현이가 전화를 받았다. 엄마였다.

"딸! 엄마 이제 집에 갈게."

"어? 벌써?"

"응, 기다리고 있어."

수현이는 컴퓨터를 재빠르게 껐다.

"어떡하지? 엄마가 아는 거 같은데."

띠띠띠띠리리리. 엄마가 들어오고 수현이는 조심조심 컴퓨터 방에서 나왔다.

"너 컴퓨터 방에서 뭐 했니?"

"그, 그냥 사진 좀 봤어!"

그리고 잠시 뒤 수현이는 마음속으로 생각했다.

"아! 엄마가 알고 있는 거 같은데……."

그때 엄마가 말했다.

"너 게임했지?"

"아니야! 공부했다고!"

그리고 잠시 뒤 수현이가 엄마에게 말했다. 거짓말한 것이 마음에 걸리고 불안해서 견딜 수 없었다.

"엄마 나 사실 pc방 갔어."

"어? 무슨 방?"

수현이가 말했다.

"pc방……."

"에휴, 도둑이 제 발 저린다 하더니 독서실이 아니라 pc방을 갔다고?"

"어, 음……."

"너 일주일 동안 용돈 없어, 빨리 공부해!"

"힝! 그냥 독서실 갈걸……."

 그래서 수현이는 꾸지람을 들었고, 중요한 시험을 잘 못 쳤다. 하지만 수현이는 다시는 거짓말을 하지 않을 거라고 다짐했다. 도둑이 제 발 저린 일은 다시 하지 않기로.

도둑이 제 발 저린다

● **속담 뜻풀이**

지은 죄가 있어 마음이 조마조마하다를 비유적으로 하는 말.
[비슷한 표현] 도적이 제 발 저려서 띈다.

● **이런 문장 저런 문장**

① 도둑이 제 발 저리다더니. 엄마는 몰랐는데 너만 걱정했구나.
② 야! 도둑이 제 발 저리다고 했는데, 선생님께서 모르고 계셨는데 그걸 말하면 어떡해!
③ 공부를 안 하고 핸드폰을 했다고? 어쩐지 도둑이 제 발 저린 법이지!

말이 말을 만든다

말이 말을 만든다

오늘은 시험 날. 주현이는 모르는 문제가 너무 많았다.

'아 몰라 찍어, 찍어. 하……! 공부 좀 할걸.'

주현이는 너무 시험이 싫었다. 시험 결과는 처참했다.

'100점 만점에 10점? 이야! 나오기도 어렵겠다.'

약간 창피했지만, 이 사실을 주현이는 단짝 친구 주애에게 말했다.

"나 시험 결과 10점이다?"

"아이고. 공부 좀 하지 그랬어. 너 오늘도 숙제 폭탄이겠네."

주현이는 약간 창피했지만 단짝이니까 괜찮다고 생각했다. 하지만, 주애는 좀 달랐다.

'입이 근질근질하네…….'

주애는 이 사실을 소문내고 싶었다.

'엇! 저기 다른 반 애네! 이 사실을 알려야겠어.'

"야! 너 그거 알아? 주현이 이번 시험 10점 맞았다!"

"뭐? 진짜? 큭큭!"

'다른 애한테도 소문내야지!'

"야, 2반에 주현이라는 애가 10점을 맞았대!"

"깔깔깔!"

 그렇게 계속 소문은 계속 퍼져나가는 듯하더니, 갑자기 소문의 방향이 이상한 쪽으로 가버렸다.

 "야, 그 2반에 주현이가 그 뭐였지? 10? 아니 아니, 아 그래. 100점을 맞았대!"

 "뭐? 진짜? 걔 공부 잘하나 보다."

"야! 그 2반에 주현이가 100점을 맞았대!"

자꾸만 소문은 이상해지더니 막을 수 없이 흘러가 버렸다. 하지만 주현이는 이것을 하나도 모르고 있었다.

"야! 주현이 영재원에 간대!"

"뭐?"

"와!"

"야, 2반에 걔 최연소 영재원 최상위 반에 간다고 하던데?"

"와!"

이 소문은 오히려 주현이의 시험 점수를 가장 먼저 알려준 친구까지 믿게 되었다. 진실로 믿는 사람들이 너무 많아져 거짓이 진실이 되어 버린 것이다. 이 소문은 5학년에서 6학년, 6학년에서 4학년, 4학년에서 3학년, 자꾸만 학교 전체로 퍼져나갔다.

다음 날 아침, 주현이는 신나게 학교에 가는데 아이들이 주현이를 보고 수군거렸다.

"그 언니지? 영재원 간다던."

"좋겠다. 저렇게 공부를 잘하면 얼마나 좋을까?"

"야, 꿈 깨. 저 언니는 분명 아인슈타인이 환생한 거일 거야. 그렇지 않고서는 그 14살 최연소 기록을 깨지 못해."

"그런가 봐. 나는 이미 글렀구나."

이 소문을 들은 주현이는 당황했다.

'뭐지? 영재원? 최연소 기록? 아인슈타인?'

교실에 들어가자 수군거림은 더 심해졌다. 심지어 주현이에게 직접 물어보는 애도 있었다.

"야! 너 진짜 영재원 가?"
"야! 그럼 진짜겠지 가짜겠냐?"
'이게 뭔 소리지?'
"너 최연소로 최상위 반에 들어가잖아! 진짜 좋겠네."
"아니, 내가 영재원에 들어간다고? 너희 어제 저녁 잘못 먹었니?"

'진짜 얘네 저녁 잘못 먹은 거 같은데. 그것도 곰팡이 가득한 음식.'
"아 겸손한 식. 대단하네. 그 정도면 조금은 자랑해도 되는데."
"아니 그게 무슨!"
그 순간, 선생님의 목소리가 들려왔다.
"자, 다들 수학책 59쪽 펴세요. 오늘은 약수를 배울 거예요."
주현이가 해명할 틈도 없이 수업은 시작되었다.
"약수란……."
주현이는 수업 내용이 이해가 전혀 되지 않아 창문을 보고 있는데 아이들은 수군거렸다.
"역시, 영재원 최상위반. 이런 수업은 시시하다는 건가? 나는 어려워 쓰러지겠는데."
주현이는 그런 말이 들릴 때마다 머리가 터질 것 같았다.
'내가 영재원? 지나가던 개도 안 믿겠다. 지금 이 수업을 듣기만 해도 머리가 지끈거려 미치겠는데. 이런 소문은 진짜 어떻게 만들어진 거지?'
수업을 마치고, 주현이는 집으로 갔다. 그리고 주애에게 타톡으로 대화를 걸었다.
"주애야, 네가 좀 나 영재원 들어가는 거 아니라고 말 좀 해주라. 너는 친한 애들 많잖아. 응? 나 진짜 미칠 것 같아."
주애의 답장엔 죄책감이 섞여 있었다.
"아, 그게……. 이미 학교 전체에 퍼져서 내가 아는 애들한테 다 말해도 소용없을 것 같아. 너무 미안."

'내가 그걸 왜 말했을까.'

주애는 죄책감이 몰려왔다. 주현이는 불안했다.

'아, 여기에서 바로 잡지 못하면 다음 시험 때 엄청 망신당할 텐데. 그렇지. 그렇게 하는 게 나으려나?'

다음 날 아침, 주현이는 당당히 교장실에 들어갔다. 주현이는 약간 무서웠지만 이 엉망진창인 소문을 바로잡으려면 이 방법밖에 없었다.

교장선생님께서 먼저 말을 거셨다.

"우리 친구, 무슨 일로 왔나요?"

'잘할 수 있어.'

"저, 제가 영재원에 들어간다는 소문이 지금 학교 전체에 퍼졌는데 그게 사실이 아니거든요. 오늘 아침 방송에 그 소문이 사실이 아니라고 좀 해주세요. 제발요!"

"그게 끝인가요? 우리 친구 그동안 많이 힘들었을 것 같네요. 교장선생님이 잊지 않고 꼭 말할게요!"

'나이스! 잘 풀렸네!'

학교 방송을 하는 날, 주현이는 아침 방송을 보았다. 그날도 아이들은 주현이를 보고 수군거렸지만 주현이는 이 수군거림도 오늘로 끝난다는 믿음을 가지고 있었다. 그리고 주현이의 믿음은 곧 현실이 되었다.

"5학년 2반 주현 학생은 영재원에 들어가는 게 아닙니다. 이것 때문에 주현이가 힘들다고 하네요. 그리고 *말이 말을 만든다고 했어요.*

친구에 대해 근거 없는 소문을 퍼트리고 다니지 않았으면 해요."

"엄, 그래! 헛소문이었네. 하긴, 쟤가 들어갈 리가."

약간 주현이를 비웃는 아이도 있었지만 주현이는 그편이 나았다. 거짓이 아니기 때문이다. 그리고 아이들의 수군거림 속 울음소리가 들려왔다. 그건 주애였다.

"흑흑. 주현아 내가 잘못했어. 내가 다른 반 친구에게 알렸어. 내가 너무 잘못했어."

주현이는 너무 놀랐다. 하지만 우는 주애를 보니 섭섭한 마음도 없어졌다.

"괜찮아, 다 끝났잖아. 너도 사과했으니 됐어. 우리 다시 놀자!"

"고마워, 고마워 주현아. 나는 용서 받으면 안 되는데, 고마워!"

주현이는 마음이 다 풀렸다. 그래서 그런 걸까? 오늘의 급식의 후식은 사과가 나왔다.

주현이는 급식을 다 먹고 신나게 놀았다. 물론 주애와 함께. 주현이는 소문이 얼마나 무서운지 알았다. 주현이는 이제 소문 같은 것에 휘둘리지 않을 것이다.

말이 말을 만든다

● 속담 뜻풀이

말은 사람의 입을 거치는 동안 그 내용이 과장되고 변한다는 말.

[비슷한 표현] 바늘 끝만 한 일을 보면 쇠공이만큼 늘어놓는다.

● 이런 문장 저런 문장

① 왜 이런 소문이 돌까? 정말 말이 말을 만드는구나.

② 말이 말을 만든다는 거 몰라? 님의 말은 조심해야 해.

③ 내가 겪지 않은 일을 함부로 말하지 마. 말이 말을 만들면 어쩌려고?

말이
씨가 된다

말이 씨가 된다

여울이와 수민이는 둘도 없는 친구 사이였다. 오늘도 둘은 뭐가 그리 즐거운지 재잘재잘 이야기를 나누었다. 여울이가 웃으며 말했다.

"수민아, 우리 내일 체육대회인데 비 오는 거 아니야?"

"아 그러게 비 오면 안 되는데……."

수민이와 여울이가 울상인 표정으로 대화를 했다. 그때 은우가 끼어들며 말했다.

"야, 말이 씨가 된다고! 모르냐?"

그때였다. 정말 거짓말같이 하늘에서 천둥소리가 들렸다.

"우르르르르르르르쾅!"

"어? 뭐야?"

아이들이 동시에 깜짝 놀랐다. 은우가 잔뜩 짜증을 내며 말했다.

"내가 말했지? 말이 씨가 된다고. 너희 때문이잖아!"

"아니. 그렇다고 왜 짜증인데? 내일 그칠 수도 있잖아."

은우가 갑자기 짜증을 내자 여울이도 짜증 난다는 말투로 말했다. 수민이는 여울이와 은우 사이에서 어쩔 줄 몰라 하고 있었다. 여울이와 은우는 화를 내며 모두 휙 각자 집으로 가버렸다.

"얘들아! 그렇게 가버리면 어떡해?"

수민이가 두 친구를 막아보려 했지만 이미 가버린 뒤였다. 어쩔 수 없이 수민이도 집으로 돌아갔다.

그날 밤, 여울이는 생각했다.

"흐음. 내가 너무했나?"

여울이는 아직 비가 주룩주룩 내리는 창밖을 보며 마음속으로 빌었다.

"내일은 꼭 화창하게 해주세요."

같은 시각, 은우네 집에서 은우도 생각에 잠겼다.

"하! 내가 너무했나?"

은우는 후회하며 생각하고 있었다. 은우는 창문을 바라보며 말했다.

"내일은 여울이가 웃으면 좋겠다."

다음 날, 다행히 날씨는 언제 그랬냐는 듯이 화창했다. 어제 비가 왔다는 걸 아무도 못 믿을 정도였다. 등교하는 모든 친구들이 웃고 있었다. 여울이와 은우만 빼고.

은우가 여울이에게 먼저 다가가 말을 걸었다.

"저, 기 여울아! 어제는 미안했어."

여울이가 은우를 슥 바라보다가 웃음을 터뜨렸다.

"히히 괜찮아! 나도 어젠 미안했어."

둘은 화창한 날씨만큼 화창하게 웃었다. 그때 수민이가 다가왔다.

"너희들 어제는 완전히 태풍에 날아갈 듯이 안 좋더니, 오늘은 화창하네! 다행이야. 나도 어제 미안했어."

이렇게 세 사람은 어제의 일에 대해 서로 화해하고 다시 친해졌다.

드디어 체육대회가 시작되었다.

"으아! 날씨 진짜 쨍쨍하네."

수민이가 더워서 힘없는 목소리로 말했다. 하지만 여울이와 은우는 기분이 좋아 보였다. 소원이 이루어져서.

체육대회가 끝나고, 여울이, 수민이, 은우가 같이 길을 걷고 있었다.

"우리 이러고 있으니까 기분 좋다!"

은우가 말했다. 수민이와 여울이도 웃으며 같이 말했다.

"나도!"

세 친구는 각자 갈림길에서 서로 인사하고 집으로 갔다.

여울이가 집에 와서 창밖을 보며 또 말했다.

"내일은 더 즐거우면 좋겠다. 말이 씨가 되도록!"

여울이가 방긋 웃었다.

같은 시각, 은우도 방긋 웃게 되었다.

"갑자기 왜 기분이 좋을까?"

수민이도 똑같이 생각했다.

"내일은 어떤 즐거운 일이 있을까? *이 말도 씨가 되어야 할 텐데…….*"

말이 씨가 된다

● 속담 뜻풀이

늘 말하던 것이 마침내 사실대로 되었을 때를 이르는 말.
[비슷한 표현] 말이 많으면 실언을 한다.

● 이런 문장 저런 문장

① 시험 다 맞으면 선물을 사준다고 하니 그 말이 씨가 되어 정말로 시험을 다 맞아왔다.
② 내가 좋아하는 애가 나를 좋아하게 해달라고 말하니 그 말이 씨가 되어 정말로 나를 좋아한다고 했다.
③ 반 배정이 잘되게 해달라고 말하니 정말로 그 말이 씨가 되었다.

믿는 도끼에 발등 찍힌다

믿는 도끼에 발등 찍힌다

　5학년인 찬민이는 인터넷 게임에서 친구를 사귀었다. 찬민이는 한 번도 직접 만나 보지 않은 친구와 게임을 하며 친해졌다.
　그러던 중 찬민이는 여름방학이 되었고, 시간이 더 많아졌다. 그래서 게임에서 만난 친구 민찬이와 하루 종일 게임을 했다.

"민찬! 우리 게임 같이 하자!"

찬민이가 민찬이를 불렀다. 그러자 민찬이가 놀라며 말했다.

"야! 너 레벨이 진짜 낮다."

찬민이는 그 말이 민찬이가 자기를 놀리는 것 같았다. 찬민이는 속상하다는 말투로 말했다.

"아잇. 나 학교 때문에 게임을 못 했어. 그렇지만 이젠 많이 할 수 있어!"

그러자 민찬이가 말했다.

"찬민아, 그럼 내 계정 너한테 줄까?"

"오! 현질 많이 했어?"

찬민이는 귀가 솔깃해졌다. 은근히 기대도 되었다. 그러자 민찬이가 말했다.

"그럼 16만 원만 주면 내가 내 계정 줄게!"

그 말에 찬민이는 고민을 하며 말했다.

"음, 16만 원은 좀. 너무 큰돈이야. 그냥 안 살게."

그 말에 민찬이는 찬민이를 꼬시듯이 말했다.

"아! 그럼 14만 원에 해줄게. 어때?"

그 말에 솔깃해진 찬민이가 말했다.

"음. 오키!"

"알았어! 멘톨스 계좌번호 불러봐!"

민찬이가 계좌번호를 불렀다. 찬민이는 조금 망설여졌지만 민찬이의 게임 계정에 욕심이 나서 돈을 넣었다.

 다음 날, 찬민이는 너무 기대가 되어 아침 일찍 일어나 민찬이에게 받은 계정으로 들어가 보았다. 그런데 받은 계정에 들어가지지 않았다. 답답한 마음에 민찬이에게 연락해 보니 전화를 안 받았다. 찬민이는 걱정이 되어 엄마에게 말했다.
 "엄마, 나 사기당한 것 같아."
 "뭐라고? 얼마나, 어떻게 사기당했어?"
 엄마가 놀란 표정, 목소리로 말했다.
 "16만 원. 아, 아니 아니 14만 원."
 "어머나 너 뭘 한 거야!"
 그 말에 찬민이는 기어가는 목소리로 말했다.
 "게임 친구한테 계정 샀는데. 사기였어. 아! 이 일을 어째?"
 찬민이는 너무 불안해했다. 엄마가 화를 내며 말했다.
 "뭐 해! 빨리 경찰서 안 가고!"

 찬민이는 엄마에게 끌려가듯이 경찰서 앞으로 갔다. 엄마와 찬민이는 경찰서 앞에 다짐하듯이 말했다.
 "아, 엄마 우리 잘할 수 있겠지?"
 찬민이는 걱정스러운 눈빛으로 바라봤다.
 "그럼! 가자."

엄마와 찬민이는 경찰서에 갔다. 경찰 아저씨가 이야기를 듣고 말했다.
　"흠. 일단 조사해 보니 범인이 이 근처에 사는 것 같네. 내일까지는 끝내볼게!"
　"어, 내일까지 돈 돌려받을 수 있을까요?"
　찬민이가 떨며 말했다.
　"그럼! 한번 노력해 볼게."
　경찰 아저씨는 노력해 보겠다며 내일까지만 기다려 달라고 하셨다. 엄마와 찬민이는 조금의 기대를 하며 집으로 돌아갔다.

　다음 날, 경찰서에서 연락이 왔다. 범인이 잡혔다는 소식이었다.
　"엄마! 우리 빨리 가보자."
　찬민이는 기대하는 목소리로 말했다.
　"그래! 얼른 가보자."
　엄마와 찬민이가 경찰서로 달려갔다. 그런데 범인의 나이가 30대라는 말을 들었다. 알고 보니 민찬이는 친구가 아닌 사기꾼 아저씨였다. 엄마와 찬민이가 놀라며 서로 바라봤다.

찬민이는 범인의 사과도 받고 돈도 돌려받았다.

"학생. 미안해 돈이 너무 급해서."

다행히 찬민이와 엄마는 범인으로부터 돈을 돌려받았다. 그리고 경찰 아저씨께 감사 인사를 하고 경찰서를 나왔다.

경찰서를 나오며 엄마가 말했다.

"다음부터는 조심해! 믿는 도끼에 발등 찍힌다고 했어. 누굴 함부로 믿어?"

찬민이가 부끄럽게 고개를 숙이며 말했다.

"알겠어요. 이제부터는 조심할게요!"

찬민이는 이제 정말 믿는 도끼에 발등 찍힐 일이 없을 거라 스스로 다짐했다.

믿는 도끼에 발등 찍힌다

● 속담 뜻풀이

잘되리라고 믿고 있던 일이 어긋나거나 믿고 있던 사람이 배반하여 오히려 해를 입음을 비유적으로 이르는 말.

[비슷한 표현] 제 도끼에 제 발등 찍힌다.

● 이런 문장 저런 문장

① 너 그러다가 믿는 도끼에 발등 찍힌다.
② 조심하지 않다가 믿는 도끼에 발등 찍힐 수도 있다.
③ 사람을 함부로 믿었다가는 믿는 도끼에 발등 찍힐 수도 있어.

바늘 도둑이 소도둑 된다

바늘 도둑이 소도둑 된다

학교 마친 후, 우현이는 무인 가게에 들어갔다.
"우와~ 다 사고 싶다!"
순간, 꼬르륵 소리가 들려왔다.
'너무 배고파. 돈도 없고……. 아, 사람도 없는데 하나만 슬쩍할까?'
우현이는 순간 충동이 들었다. 하지만 배고픈 우현이는 달콤한 유혹을 견디지 못하고 초콜릿 하나를 주머니에 넣었다. 약간 죄책감이 들었지만 배고픔이 온몸을 지배해서 그런 생각은 하나도 들지 않았다.
'이건 용돈을 안 주신 엄마 잘못이야.'

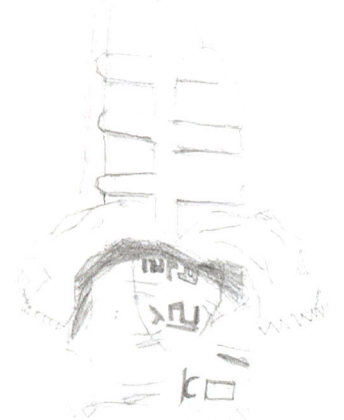

자기 합리화를 하며 초콜릿 포장지를 조심스럽게 벗겼다. 초콜릿을 한입 베어 물자 죄책감은 사라졌다.

다음 날 아침, 우현이는 어제 일은 깜빡 잊은 채로 학교에 갔다. 그리고 아침 방송을 보았다. 그냥 평범한 아침 방송 같았다. 평소와 다른 점은 오늘을 교장선생님이 아니라 교감선생님께서 훈화 말씀을 하신 것 빼고는 말이다. 교감선생님께서 하시는 말씀은 우현이의 마음을 송곳으로 찔렀다.

"어제 학교 앞 무인 가게에서 우리 학교 학생이 물건을 훔쳤습니다. 다시는 그러지 말길 바랍니다."

그리고 들려오는 친구들의 수군거림도 우현이의 마음에 못을 박았다.

"헐, 야 도대체 누구임? 걔는 진짜 양심도 없나?"

수군거리는 말들 하나하나가 우현이의 마음을 송곳으로 찔렀다. 우현이는 엄청난 죄책감이 몰려왔다. 그리고 이 사실을 단짝 친구 현우에게는 말해야겠다고 생각했다. 약간 망설이다가 현우에게 귓속말을 해주었다.

"현우야, 사실……. 그 무인 가게에서 물건 훔친 사람 말이야……. 그거 나야……."

현우는 놀라는 눈치였다.

"뭐? 그게 너라고? 흠, 일단은 비밀로 지켜줄게."

하지만 현우는 이렇게 생각했다.

'어차피 다 알려질 건데…….'

우현이는 일단 안심했다. 혹시 현우가 다 말해버리면 우현이는 왕따 확정이었다.

'선생님은 나인 줄 알겠지?'

예상대로 선생님은 우현이를 불렀다. 그리고 선생님은 우현이를 꾸짖었다. 그래도 선생님께 한바탕 혼나고 나니 개운한 기분이 들었다.

수업은 진짜 재미없었다. 갑자기 수학시험을 치지 않나, 쉬는 시간이 없어지지 않나 우현이는 너무 피곤했다.

학교를 마치고, 학원을 가던 중 오늘도 무인 가게가 눈에 띄었다. 하지만 주머니와 지갑은 텅 비어 있었다.

'음. 구경만 하자.'

하지만 우현이는 무인 가게에 들어가자 다시 나쁜 마음이 들었다.

'아! 하나만 훔칠까? 아니야, 아니야 저번에도 그랬잖아. 근데 이번에는 CCTV가 멀리 있네?'

우현이는 다시 그러면 안 된다는 것을 알면서 자꾸만 유혹에 넘어가려 했다.

'그래. 이번이 마지막인 거야.'

우현이는 그렇게 생각하며 미츄 5개를 주머니 속에 슬쩍 넣었다.

'아무도 안 봤겠지?'

긴장감에 온몸이 떨렸다. 그리고 밖으로 성큼성큼 나갔다. 근데 이게 웬걸? 밖에는 단짝 친구 현우가 있는 게 아닌가?

'으아아아악! 난 망했다. 학교에서 도둑질한 애로 낙인찍힐 거야……. 어떡하지? 어떡하지? 제발 현우가 못 봤길…….'

"네가 왜 여기 있어?"

"내가 왜 여기 있긴, 난 여기 오면 안 되냐?"

우현이는 극도로 당황해서 식은땀을 줄줄 흘렸다. 다행히도 현우는 못 본 것 같았다. 우현이는 급하게 주머니 쪽을 숨겨보았지만 볼록 튀어나온 캐러멜은 존재감이 컸다.

"너 왜 이렇게 당황해? 혹시 뭐라도 훔쳤냐?"

"아니야 난 미츄를 주머니 속에 안 넣었어. 잘못 본 거야."

'망했다 망했다 망했다 망했다 망했어!'

우현이는 너무 당황해 헛소리가 나왔다.

"아니 그 미츄가 아니라 그, 그……."

"너 내가 미츄 캐러멜 훔쳤다고 얘기도 안 했는데. 너 또 무인 가게에서 물건을 훔친 거야?"

"아니, 그게……."

"야 바늘 도둑이 소도둑 된다고 너 자꾸 그렇게 물건 훔치다 보면 결국은 경찰서 가는 거야. 얼른 돈 내고 사 와. 그러면 그 비밀은 내가 꼭 지켜줄게."

'휴! 살았다. 근데 미츄는 먹고 싶은데…….'

우현이는 주머니 속 캐러멜이 먹고 싶었지만 돈이 없던 나머지 결국은 다시 돌려놓았다.

"뭐야 안 사? 돈 없니?"

"응. 요즘에 엄마께서 용돈을 안 주셔서."

"으이구, 돈도 없으면서 가게에 들어간 거야? 오늘은 내가 사줄게.

근데 다음부턴 어림없다!"

'우현이도 사정이 있을 거야. 나도 주머니 사정이 좋진 않지만. 그래도 미츄 5개 정도는 사주자.'

현우는 자신도 돈이 별로 없었지만 우현이를 위해 미츄 5개를 샀다.

"응! 고마워!"

'내가 친구 하나는 잘 둔 것 같아.'

그렇게 우현이는 현우가 사준 미츄 캐러멜을 입에 넣었다. 달달한 게 정말 맛있었다. 나머지 4개는 현우를 주고 캐러멜을 입안에서 천천히 녹이며 집으로 갔다.

'캬! 미츄가 이렇게 맛있을 수가 있나? 진짜 푸링클 치킨보다 맛있는 거 같아.'

그리고 집에서 기다리고 있는 건 잔뜩 화나 있는 엄마였다. 우현이는 엄청 혼날 각오를 하고 갔지만 엄마께서는 그렇게 혼내지는 않으셨다. 엄마께서도 우현이에게 용돈을 안 주고 있던 게 마음에 걸렸기 때문이다.

"휴, 어쩌겠니. 엄마가 용논을 그렇게 안 주긴 했지. 근데 그렇다고 도둑질을 하면 되니? 다음부터는 그러지 마."

엄마는 우현이 손에 5,000원을 쥐여주셨다.

'다시는 도둑질을 하지 않을 거야. 이걸로 내일 현우한테 떡볶이 사줘야겠다.'

다짐하며 우현이는 개운한 기분으로 침대에 누웠다.

바늘 도둑이 소도둑 된다

- 속담 뜻풀이

자그마한 나쁜 일도 자꾸 해서 버릇이 되면 나중에는 큰 죄를 저지르게 된다는 말.
[비슷한 표현] 바늘 쌈지에서 도둑이 난다.

- 이런 문장 저런 문장

① 거짓말하는 버릇을 못 고치면, 바늘 도둑이 소도둑 된다고 나중에 못된 짓을 할 게 분명해.
② 남의 물건이라면 작은 것도 함부로 다루어서는 안 돼. 바늘 도둑이 소도둑 된다잖아.
③ 바늘 도둑이 소도둑 된다고 했어. 작은 버릇일 때 고쳐.

열 번 찍어
안 넘어가는
나무 없다

열 번 찍어 안 넘어가는 나무 없다

"으쌰! 으쌰! 오늘도 열심히 나무를 베야지!"

성실하고 우직한 성품의 착한 나무꾼은 오늘도 열심히 나무를 베고 있었어요. 그 순간, 갑자기 하늘에서 무언가가 밝게 빛나더니 선녀님이 하늘에서 내려오고 있었어요. 나무꾼도 그 모습을 보았죠.

"헉 너무 아름다우시잖아! 딱 내 이상형이야. 당장 내 마음을 전해야지."

그 모습을 본 나무꾼은 선녀님에게 홀딱 반해버려서 무턱대고 그쪽으로 향했죠.

"선녀님, 처음 본 순간 당신에게 반했습니다. 저와 사귀어 주시겠어요?"

선녀님은 당황하고 놀란 기색을 보이며 말했어요.

"누구세요? 갑자기 왜 이러세요!"

그렇게 말하고는 선녀님은 도망치듯 그 자리를 떠났어요. 나무꾼은 곰곰이 생각했어요.

"계속 도전하겠어! 여기서 포기할 수 없지. 열 번 찍어 안 넘어가는 나무 없다고 하잖아! 꼭 선녀님의 마음을 돌리고 말 테야!"

그다음 날 나무꾼은 또 선녀님을 찾으러 그곳으로 갔어요. 다행히도 선녀님이 있었어요. 하지만 두 번, 세 번⋯⋯. 열 번 넘게 고백을 계속했지만 선녀님은 나무꾼의 마음을 받아주지 않았죠.

그래도 나무꾼은 포기하지 않았습니다. 여기서 포기하기에는 선녀님을 향한 마음이 너무나 뜨거웠어요. 그렇게 해서 나무꾼은 선녀님의 마음을 돌리기 위해 매일 선녀님이 좋아할 만할 것들을 연습했어요. 선녀님이 바라는 사람이 되도록 스스로 열심히 노력했답니다.

"선녀님은 똑똑한 사람을 좋아한다고 했다지?"

그래서 나무꾼은 매일 한자를 연습하고 공부했어요.

"하늘 천 따 지……? 가마솥에 누룽지……? 아 왜 이렇게 어렵지?"

나무꾼은 힘들어도 선녀님을 생각하며 열심히 공부했지요.

"또 선녀님은 깔끔한 사람을 좋아하겠지?"

나무꾼은 선녀님을 위해 깨끗한 새 옷을 사러 갔어요.

"저, 이 옷 주세요!"

"네, 4냥입니다."

옷이 비쌌지만 나무꾼은 망설임 없이 그 옷을 샀지요.

"그래! 이 옷을 입으면 선녀님이 좋아해 주실 거야!"

그렇게 나무꾼은 옷을 사서 집으로 가는데 사람들이 수군거리는 게 들렸어요.

"그 이야기 들었어? 연못에 선녀님이 산다는 소문 말이야."

"정말이야? 어머 웬일이야."

'이런 어쩌지? 선녀님이 계신 곳을 사람들이 알면 안 되는데.'

사람들의 말에 나무꾼은 걱정이 되었어요. 나무꾼은 선녀님을 꼭 지켜주고 싶었어요.

"선녀님이 잘 계신지 내일 한번 가봐야겠어."

다음 날 나무꾼은 깊은 산속 연못에 있는 선녀를 찾으러 갔어요.

"나무꾼 씨! 내가 여기 있다는 걸 당신이 소문냈나요?"

선녀님이 나무꾼을 보더니 물었어요.

"제가요? 아니에요!"

나무꾼은 두 손을 저으며 아니라고 말했어요.

"그렇다면 왜 사람들이 여기를 자꾸 오는 거예요?"

"전 그저, 마을 사람들이 선녀님을 괴롭히지나 않을까 걱정이 되어서요."

"정말이에요? 그 말 믿을 수 있어요?"

"그럼요. 제가 그동안 선녀님 마음에 들려고 얼마나 노력을 했는데요. 선녀님이 좋아하신다는 것을 하려고 밤낮없이 애를 썼답니다. 저는 정말 선녀님을 지켜드리고 싶었어요."

선녀님은 나무꾼의 말에 감동했어요. 나무꾼은 머뭇거리며 용기 내어 말했어요.

"저기, 선녀님. 아직도 제가 마음에 들지 않으신가요?"

나무꾼은 선녀님을 제대로 쳐다보지도 못하고 물었어요. 그 모습을 보고 선녀님도 나무꾼에 대한 믿음이 생겼어요.

"뭐, 나무꾼 씨의 마음은 알겠어요. 그렇게 저를 마음에 담아두셨다니. 뭐 이제부터 제 마음에 나무꾼 씨를 담아보죠."

선녀는 드디어 나무꾼의 고백을 받아주었어요.

"정말이요? 고마워요. 앞으로 선녀님의 마음에 드는 사람이 되도록 끝없이 노력할게요."

나무꾼은 신이 나 말했다. 그 모습을 선녀님도 흐뭇하게 바라보았어요.

"네! 좋아요."

그렇게 나무꾼은 날이 갈수록 멋진 사람이 되었고, 선녀님과 함께 행복하게 살았답니다.

열 번 찍어 안 넘어가는 나무 없다

- **속담 뜻풀이**

아무리 뜻이 굳은 사람이라도 여러 번 권하거나 꾀고 달래면 결국은 마음이 변한다는 말.

[비슷한 표현] 십벌지목(열 번 찍어 안 넘어가는 나무가 없다)

- **이런 문장 저런 문장**

① 열 번 찍어 안 넘어갈 리 없지. 다음번에는 꼭 시험 100점 맞을 거야.
② 열 번 찍어 안 넘어갈 수 없지. 이번에는 꼭 칭찬 스티커를 받을 거야.
③ 열 번 찍어 안 넘어가는 사람 없다고. 이번 달리기 시합에는 내가 이길 거야!

우물에 가
숭늉 찾는다

우물에 가 숭늉 찾는다

나는 초보 알바생 은비. 오늘도 편의점에 출근했다. 오늘은 어떤 손님이 올까? 기대하며 하루 일을 시작했다.

때마침 학생처럼 보이는 손님이 왔다. 손님이 핫바를 집어왔다.

"계산이요."

"네, 1,800원입니다."

손님은 전자레인지에 핫바를 돌렸다.

'이상하다 왜 10초만 돌리지? 뭔가 불안한데?'

"삑 – 삑 – 삑~"

전자레인지 조리가 완료되었다.

"아 왜 안 따뜻해! 저기요. 이거 왜 안 따뜻해요? 나 지금 늦었다고!"

나는 황당했다. 10초밖에 안 돌리고 왜 안 따뜻하냐고 따지다니.

'뭐야 저 사람. 어이없네!'

"아, 그거 10초 돌려서 그런 거 같네요. 그거 1분에서 1분 30초 돌리면 됩니다."

나는 침착하게 대답했다. 손님은 건성으로 대답하고 1분을 돌렸다.

'아휴! 성질도 급하시네!'

핫바를 산 손님이 나가고 잠시 뒤, 나랑 비슷한 또래의 여대생이 들어왔다.

"딸랑!"

"어서 오세요! GS24입니다!"

"여기 무선 이어폰 있어요?"

"네 저쪽에 있어요."

손님은 그쪽으로 터벅터벅 걸어갔다. 그리고 손님이 이어폰을 들고 계산하러 계산대로 왔다.

"계산할게요."

"7,000원입니다."

"여기요."

손님은 계산도 끝나지 않았는데 무선 이어폰을 뜯어서 귀에 꽂았다.

"저기요 이거 소리가 안 나는데요?"

"아 그거 지금 블루투스 연결 중이어서 그런 것 같아요. 좀 기다려주실래요?"

나는 웃음 같지 않은 웃음을 지으며 말했다

"아, 네."

손님이 나가고 나는 물처럼 흘러내렸다.

"으아아아! 힘들어. 알바가 쉬운 일이 아니구나."

내가 힘들어하고 있을 때 또 한 손님이 들어왔다.

"띠링!"

"어서 오세요! GS24입니다!"

그 손님은 물병을 1개 집어왔다. 그래서 나는 계산을 해줬다.

"900원입니다."

손님은 물병에 손을 대고 살짝 돌리더니 말했다.

"아 이거 왜 이렇게 안 따져! 이걸 따기 쉽게 만들었어야죠!"

"이건 제가 만드는 게 아니어서……."

나는 화가 났지만 참고 고분고분하게 손님에게 말해주었다. 그랬더니 그 손님은 그냥 아무 말 없이 나갔다.

"진짜 사람 짜증 나게 하는 데 재주가 넘치시네."

"딸랑!"

다음에는 직장인처럼 보이는 손님이 왔다.

"안녕하세요! GS24입니다!"

그 손님은 컵라면을 사서 들고 왔다. 컵라면 값을 계산하려는데, 어어! 갑자기 배에서 신호가 왔다. 그래서 대충 계산을 해드리고 나는 화장실로 냅다 뛰어갔다.

"하! 이제 살 것 같다. 응?"

"쿵쿵쿵! 야, 문 열어! 빨리!"

방금 라면을 사 갔던 손님이 화장실 문을 쾅쾅 두드렸다.

"네? 무슨 일이시죠?"

"아니 왜 이렇게 라면이 맛없어?"

'어떻게 라면이 맛없을 수 있지?'

나는 의아해하면서 편의점으로 다시 들어갔다. 근데 너무 놀랐다. 어떻게 저럴 수 있지?

"엥? 컵라면 물을 너무 적게 부으신 것 같아요. 이러니까 잘 안되죠."

"아니 그게 빨리 먹어야 해서……."

그 손님은 더 이상 아무 말도 하지 않고 나가버렸다. 난 황당했다.

"아니 이거 무슨 사과도 안 하고 가니 참!"

또 종이 울렸다. 이제 나는 그 소리가 지옥으로 가는 종소리처럼 들렸다.

'그래도 곧 퇴근이니까 참자!'

나는 긍정적인 생각을 하며 참았다.

"딸랑~"

"안녕하세요?"

"저기요 택배 왜 안 오는 거죠?"

"네? 택배요?"

"아까 6시쯤 제가 왔었잖아요."

"아! 택배는 최소 하루 정도 걸려요."

"아니 내가 6시에 택배를 보냈다니까!"

"그럼 제가 택배가 오는 날에 말해드릴게요."

"아니, 택배가 빨리빨리 안 오면 어쩌라는 거야!"

그 손님은 짜증을 쏟아내고는 떠났다.

"아우 진짜 왜 오늘 **우물에 가 숭늉 찾는 사람이 많은 거야?** 세상일은 다 때가 있는데 말이야."

우물에 가 숭늉 찾는다

● 속담 뜻풀이

모든 일에는 질서와 차례가 있는 법인데 일의 순서도 모르고 성급하게 덤빔을 비유적으로 이르는 말.
[비슷한 표현] 싸전에 가서 밥 달라 한다.

● 이런 문장 저런 문장

① 자꾸 우물에 가 숭늉 찾지 말고 다시 한번 말해봐.
② 우물에 가 숭늉 찾는 것처럼 왜 정육점에서 스테이크를 찾으세요?
③ 왜 아직 비행기 시간 안 되었는데 우물에 가 숭늉 찾는 사람처럼 비행기를 타려고 하세요?

원숭이도 나무에서 떨어질 때가 있다

원숭이도 나무에서 떨어질 때가 있다

 주애는 글쓰기 대회에서 늘 1등을 하는 아이였다. 주애는 언제나 글쓰기라면 자신 있었다. 하지만, 이번에는 좀 달랐다. 일주일 전부터 다른 아이들은 글쓰기 연습을 열심히 했다. 하지만 주애는 자신감에 가득 차 당연히 1등을 할 줄 알고 평소보다 글쓰기 연습을 하지 않았다.
 일주일이 지나고, 주애는 당당하게 대회장으로 들어갔다. 그리고 글쓰기 대회가 시작됐다.
 '품! 쟤네들 저렇게 써봤자 내가 1등인데 왜 저리 열심히 하는 거람?'
 주애는 자신의 실력을 믿고 다른 아이들을 깔보았다. 그리고 당연하다는 듯이 글을 아주 대충 썼다. 심지어 다 쓰고 확인도 안 하고 엎드려 잤다. 하지만 그건 아주 잘못된 짓이었다.
 주애는 당연히 1등 할 줄 알고 결과를 기다렸다.
 '뭐야, 1등 상장에 왜 다른 애 이름이 적혀 있지?'
 맨날 1등만 하던 주애가 글쓰기를 평소보다 소홀히 했는지 순위 밖으로 밀려났다.

> 장려 상
>
> ○○글쓰기 대회
> 위 김주애는 ○○글쓰기 대회에서 우수한 성적을 거두었기에 이 상장을 수여합니다.
>
> ○○○○년 ○월 ○○일

'이럴 리가? 난 맨날 1등이었는데……'

주애는 충격에 빠졌다. 그 일로 주애는 친구들에게서 이런 말을 계속해서 들었다.

"*원숭이도 나무에서 떨어진다니까!* 대충 할 때부터 알아봤다! ㅋㅋ."

그 말은 주애의 마음속을 깊게 파고들었다. 주애는 울 것 같았다.

'노력을 안 하면 이렇게 되는구나.'

 그때부터 주애는 다시 글쓰기 연습을 시작했다. 쓰고, 쓰고 또 썼다. 원숭이가 나무에서 떨어지는 건 나무를 너무 얕잡아 봐서 그런 거라 생각하며, 다시는 글쓰기를 얕잡아 보지 않으려 노력했다. 주애는 친구들이 말릴 정도로 계속 글을 썼다.
 '다시 1등을 할 거야!'
 일주일 뒤. 또 다른 글쓰기 대회가 있었다. 주애가 이번에는 어느 때보다도 두근거리는 마음으로 대회에 참여했다.
 '이번에는 최고의 글을 써 보이겠어!'

주애가 대회장에 들어왔다.

'이번엔 절대로……!'

주애는 떠오르는 아이디어를 따라 글을 썼다. 한 글자씩 정성을 다해 글을 완성했다.

드디어 결과가 나왔다.

'제발!'

결과를 보고 나서 주애는 너무 기뻐 소리를 질렀다.

"야호!"

주애가 1등이었다! 주애는 다시는 중요한 일을 대충 해서 망치는 일이 없을 거라고 마음속으로 생각했다. 주애는 기쁨과 행복에 가득 차서 집으로 갔다.

'너무너무 기뻐! 이건 엄청나!'

주애는 엄마한테 가서 1등을 했다고 자랑했다. 엄마는 당연하다 생각했지만 주애는 좀 섭섭했다.

'이건 칭찬받아야 할 일 같은데 섭섭하네……'

그래도 주애는 방에 들어가 좋아하는 책을 읽었다. 그 모습을 보고 엄마가 얘기했다.

"먹고 싶은 거는 없어? 우리 딸 치킨 시켜줄까?"

"네!"

치킨을 시킨 후.

"우리 딸 많이 먹어. 호호!"

"네!"

"다음에도 열심히 글 쓰면 맛있는 거 사줄게."

"네!"

'엄마께서도 이렇게 응원해 주시고 있어!'

주애는 섭섭한 마음이 사라졌다. 오히려 기뻤다.

주애는 자기 꿈인 작가가 되기 위해 부지런히 노력했다. 두 번 다시 원숭이가 나무에서 떨어지는 일이 없도록 말이다. 그리고 분명히 나중에 훌륭한 작가가 될 것이다.

이럴 땐 이런 속담

원숭이도 나무에서 떨어질 때가 있다

● 속담 뜻풀이

아무리 익숙하고 잘하는 사람이라도 간혹 실수할 때가 있음을 비유적으로 이르는 말.
[비슷한 표현] 나무 잘 타는 잔나비 나무에서 떨어진다.

● 이런 문장 저런 문장

① 원숭이도 나무에서 떨어진다는데, 선생님도 실수할 수 있지.
② 유명한 요리사가 요리 대회에서 패배했네. 원숭이도 나무에서 떨어진다니까?
③ 그 사람 일을 평소에 참 잘하는데, 이번에 실수했네. 원숭이도 나무에서 떨어진다니까.

윗물이 맑아야 아랫물이 맑다

윗물이 맑아야 아랫물이 맑다

지은이네 가족들은 카페에 가기로 했다. 몇 분 뒤 카페에 도착하니 어느 할머니와 할아버지가 카페에서 음료를 마시고 있었다.

'오! 할머니 할아버지도 맛있게 드시고 계시네. 나도 맛있게 먹다가 가야지.'

지은이는 마음속으로 생각하다가 카페로 들어갔다. 카페에는 향긋한 향기가 나고 분위기가 좋았다.

"안녕하세요! 산뜻카페입니다."

카페 점원이 밝게 우리를 맞아주었다.

"엄마, 난 딸기스무디 마실래. 엄마는 뭐 마실 거야?"

지은이가 엄마에게 물었다. 엄마

가 메뉴를 보고서는 대답했다.

"엄마는 카페라테 먹어야겠다!"

"아빠는?"

"음……. 아빠는 아이스아메리카노!"

아빠는 우리가 마실 음료를 주문했다.

"딸기스무디, 카페라테, 아이스아메리카노 하나씩 주세요!"

"네, 알겠습니다. 진동벨 가져가 주세요!"

점원이 친절하게 말했다.

먼저 와서 앉아계시던 할아버지와 할머니는 지은이네 가족이 점원에게 친절하게 대하는 모습을 보고 자신도 모르게 입가에 미소가 생겨났다.

"상대방에게 친절한 모습을 보니 나도 기분이 좋아지는구먼."

할아버지가 흐뭇하게 말했다. 그때 수연이네 가족이 카페로 들어왔다. 수연이네 가족들은 무슨 일인지 인상을 잔뜩 구기고 있었다. 수연이 어머니가 수연이에게 물었다.

"너 뭐 먹을 거야?"

수연이가 풀죽은 듯이 말했다.

"나, 나는 오렌지주스. 그럼 엄마, 아빠는?"

수연이가 작은 목소리로 말했다. 그러자 엄마, 아빠가 대답했다.

"그냥 네 걸로 나눠 먹자."

"음료 주문하시겠어요?"

점원이 웃으며 물었다. 수연이 아빠는 거칠게 점원에게 말했다.

"그냥 오렌지주스 하나랑 컵 3개 좀 줘."

수연이 아빠의 말투가 날카로웠다. 그러자 점원이 머뭇거리며 대답했다.

"아, 저희는 1인 1 음료가 원칙입니다."

"아휴! 이렇게 비싼데 무서워서 못 마시겠네! 내가 한 잔만 먹겠다는데 뭔 참견이야?"

수연이의 아버지가 큰 목소리로 말했다. 점원이 놀란 표정으로 말을 이었다.

"아, 그게 어쩔 수 없어서요."

그러자 수연이네 가족들이 더 크게 소리 질렀다.

"뭐? 이런 불친절해서 어디 장사하겠어? 나가자!"

점원이 중얼중얼 말했다.

"에휴! 이상한 사람들이네……."

그때 할머니, 할아버지가 자리에서 일어나며 혼잣말을 했다.

"아이구! 젊은 사람들이 왜 저럴까? 남 생각도 안 하고."

그때 수연이네 가족이 할머니, 할아버지를 째려보며 말했다.

"아! 뭐요?"

그러자 할머니, 할아버지가 모른척하며 말했다.

"*윗물이 맑아야 아랫물이 맑은 법인걸.* 쯧쯧."

그러고는 할아버지, 할머니는 마신 컵을 정리하고 기념품 살 것이 없나 둘러보러 가셨다. 수연이네 가족들은 어이없다며 화를 냈다. 그리고 큰 소리로 외쳤다.

"여기 사장 나와!"

그러자 어디선가 저벅저벅 걸어오는 소리가 들렸다.

"사장 부르셨나요?"

밝게 미소를 지으며 사장이라는 사람이 나타났다.

"무슨 일이신가요?"

카페 사장은 상황을 다 알고 있었지만 친절하게 손님들을 대했다. 수연이 어머니가 화를 내며 말했다.

"하! 이건 뭐야?"

그러자 지은이네 가족들도 못 보겠다며 말렸다.

"아휴. 카페에서 왜 그러세요? 서로 좋게 대화해요."

지은이네 가족 중 어머니가 나서서 말했다. 잠시 정적이 흐른 뒤 사장님이 말했다.

"손님, 죄송합니다. 저희는 사람을 함부로 대하는 분께는 음료를 팔지 않습니다. 점원도 사람입니다. 그러니 정중히 나가주세요!"

그 말을 들은 수연이네 가족들은 씩씩거리며 가게를 나왔다. 카페에서 이 상황을 계속 보고 있던 할머니, 할아버지가 한숨을 쉬며 말했다.

"아휴! 역시 윗물이 맑아야 아랫물이 맑지."

할아버지, 할머니는 카페를 나와 다정히 걸어가셨다. 그리고 카페에서는 지은이네 가족이 행복한 시간을 보내고 있었다.

윗물이 맑아야 아랫물이 맑다

● 속담 뜻풀이

윗사람이 잘하면 아랫사람도 따라서 잘하게 된다는 말.
[비슷한 표현] 맑은 샘에서 맑은 물이 난다.

● 이런 문장 저런 문장

① 윗물이 맑아야 아랫물이 맑다. 이와 같이 윗사람이 친절하고 예의 발라야 아랫사람들이 그걸 본받는다.
② 선배가 모범을 보여야지. 윗물이 맑아야 아랫물이 맑은 법이야.
③ 부모는 자식의 거울이지. 윗물이 맑아야 아랫물이 맑은 것처럼 말이야.

작은 고추가 맵다

작은 고추가 맵다

강림초등학교에 다니는 5학년 아이 유찬이와 준혁이는 서로 달리기 라이벌 상대이다. 준혁이는 맨날 유찬이가 자기보다 작다며 달리기를 못한다고 놀렸다.

"야, 송유찬! 넌 키도 작으면서 달리기도 못하잖아."

유찬이가 화를 내며 말했다.

"뭐라고? 지는!"

준혁이가 비꼬듯이 놀렸다.

"난 키가 커서 달리기 속도가 엄청 빠르거든?"

"안 물어봤는데?"

유찬이와 준혁이는 맨날 이렇게 달리기 때문에 싸웠다. 어느 날, 달리기 대회 포스터가 교문 앞에 달려 있었다. 유찬이가 말했다.

"우아, 100m 달리기에 1등 하면 게임기를 준다고? 당연히 신청해야지!"

그러자 옆에 있던 준혁이가 말했다.

"나도 달리기 대회에 나갈 거거든? 딱 봐도 내가 1등이네."

"결과는 두고 봐야 알지!"

그리고 유찬이가 혼자 생각을 했다.

'준혁이가 달리기를 잘하는 건 사실이고……. 어떻게 해야 이길 수 있을까?'

달리기 대회는 일주일 뒤에 열린다. 유찬이는 집으로 갔다.

"다녀왔습니다."

엄마가 걱정되는 말투로 말해주었다.

"유찬아, 왜 이렇게 힘이 없니?"

"달리기 대회를 나가는데 준혁이가 저보다 달리기를 더 잘해요. 제가 게임기를 얻고 싶은데 어떻게 하면 좋을까요?"

엄마가 웃으면서 말했다.

"그야, 당연히 열심히 연습하면 되지."

그래서 유찬이는 학교 운동장에 갔다.

"100m가 운동장 한 바퀴니까 20바퀴만 돌아야지."

"하나! 둘! 하나! 둘!"

"헥헥, 힘들어도 매일 이렇게 연습해야지."

그런데 지나가던 준혁이가 유찬이를 봤다.

"야 송유찬, 너 뭐 하냐? 어차피 연습해 봤자 넌 실력 하나도 안 늘어. 큭큭!"

유찬이가 대답했다.

"혹시 모르지, 내가 너를 이길 수도?"

준혁이가 비웃었다.

"야, 그럴 확률은 0.1%야!"

유찬이가 진지하게 말했다.

"그러면 내가 0.1%를 하고 말겠어!"

준혁이가 웃으며 말했다.

"큭큭! 네가?"

"그럼 나중에 두고 봐."

유찬이가 집으로 뚜벅뚜벅 걸어갔다.

"이준혁 두고 봐, 이때까지 놀린 원수를 달리기 대회 날에 다 갚아줄 거야!"

　유찬이는 학교를 마치고 하루도 빠짐없이 학교 운동장에서 달리기 연습을 했다. 반대로 준혁이는 쉬엄쉬엄 연습하면서 놀기만 했다.

"어차피 연습 안 해도 괜찮아, 어차피 내가 1등 할 게 뻔한데."

"송유찬은 달리기도 못하면서 왜 연습하는 거야? 도대체 이해가 안 되네."

　그리고 준혁이가 놀고 있을 때, 유찬이는 열심히 연습했다.

"헉헉! 너무 힘든데. 내일은 쉴까? 아니야! 열심히 연습해서 준혁이를 꼭 이기고 말 거야."

　유찬이는 준혁이를 꼭 이기겠다는 신념을 버리지 않았다. 유찬이는 엄마한테 100m 달리기 기록을 재달라고 했다. 유찬이는 지금까지 연습했던 것처럼 열심히 뛰었다.

　엄마가 큰소리로 외쳤다.

"11.06초야! 11.06초! 정말 잘했어!"

　유찬이는 소리를 질렀다.

"야호! 이제 준혁이를 이길 수 있겠다!"

 다음 날, 달리기 대회 날이 되었다. 유찬이와 준혁, 다른 친구들은 라인 앞에 나란히 섰다.
 "야 이준혁! 내가 얼마나 많이 연습했는지 알게 될 거야!"
 준혁이가 비웃으며 말했다.
 "어차피 내가 이길 건데 뭐하러 연습했냐? 바보!"
 심판의 긴장되는 목소리가 들려왔다.
 "준비, 출발!"

삐익!

호루라기 소리가 울리자 모두 열심히 뛰었다.

우다다다다!

처음에는 준혁이가 제일 빠르게 달렸지만 곧이어 유찬이가 준혁이를 따라잡았다. 준혁이가 생각했다.

'뭐야? 송유찬 왜 저렇게 빨라? 이럴 수는 없어!'

준혁이가 전속력으로 달렸지만 유찬이를 따라잡을 수 없었다. 결국 결승선에 맨 먼저 들어온 건 유찬이었다.

유찬이가 기쁜 목소리로 소리 질렀다.

"와! 내가 1등이다!"

게임기는 유찬이의 것이 되었다.

"안 돼! 내가 유찬이한테 지다니!"

"키키키키. 내가 이겼지롱?"

"==작은 고추가 맵다더니== 유찬이가 이겼잖아?"

"그러게 왜 내가 달리기를 1등 못 한다고 했어? 내가 꼭 1등 할 거라고 했잖아."

"그 0.1%가 진짜 되다니……."

"너는 맨날 놀기만 했잖아 그러니까 날 못 이기지."

"유찬아, 정말 미안해 난 네가 달리기를 못하는 줄 알았어."

"흠, 그래 네가 여태까지 내가 달리기를 못한다고 놀린 걸 한 번만 용서해 줄게."

"고, 고마워."

"네가 나에게 진심 어린 사과를 해주었으니까……."

유찬이는 주머니에서 주섬주섬 게임기를 꺼내어 준혁이에게 건넸다.

"자 여기. 너도 게임기 한번 해봐."

"정말? 고마워 유찬아!"

이제 유찬이와 준혁이는 둘도 없는 사이가 되었다. 그날부터 다시는 유찬이를 작다고 놀리는 사람은 없었다.

작은 고추가 맵다

● 속담 뜻풀이

몸집이 작은 사람이 큰 사람보다 재주가 뛰어나고 야무짐을 비유적으로 이르는 말.
[비슷한 표현] 후추는 작아도 맵다.

● 이런 문장 저런 문장

① 헉! 작은 고추가 더 맵다더니 ○○이가 대회에서 이겼잖아?
② 윽! 매워. 작은 고추가 더 맵다더니 진짜로 맵잖아?
③ 햐! 작은 고추가 더 맵다더니, 사람을 함부로 무시하면 안 되겠어.

티끌 모아 태산

티끌 모아 태산

채영이가 한숨 쉬며 말했다.

"하! 왜 춤 연습을 해도 해도 잘 안되냐?"

급식 시간에 채영이와 지훈이가 밥을 먹으며 말하고 있었다. 그러자 반장이 두 아이들에게 말했다.

"야 빈채영, 이지훈! 밥 먹으면서 말하면 혼난다고 말했잖아. 말을 해도 해도 안 듣냐! 알고 보니, 소문이 사실인 거 아냐?"

그렇다. 우리는 너무 같이 있어서 사귄다는 소문이 돌고 있었다.

"야! 아니라고."

이지훈이 나 대신 말했다.

"아니면 됐지 왜 정색을 하냐? 소문이 돌길래. 됐고! 이지훈, 빈채영! 밥 먹을 때 떠들지 마."

반장이 신경질 내며 말했다.

"응."

"야! 나 아이돌이 꿈인데 너랑 같이 연습하고 싶어."

이지훈이 그런 꿈을 가지고 있다는 것을 처음 알았다. 나는 잠시 고민하다가 대답했다.

"그래."

그렇게 우리들의 춤과 노래 연습이 시작되었다.

"야! 오늘 연습 시작이다."

급식을 다 먹고 이지훈이 나에게 말했다.

"엥? 벌써?"

이지훈은 계획도 없이 무작정 하자고만 한다. 근데 평소보다 조금 더 이상해진 것 같다.

"아이참, 준비도 안 됐으면서 하자 그러냐?"

"자 빨리 가자! 나 진짜 제대로 할 거니까 각오해!"

그날부터, 이지훈은 날마다 나를 학교 연습실로 끌고 가서 내 노래와 춤을 점검해 주었다.

"아니야! 그게 아니지……. 이렇게 해야지 알겠어?"

"응, 해볼게. 어때?"

"역시 가르치는 선생님이 좋으니까 실력이 확 느는군. 좋아지고 있어!"

이지훈이 잘난척하며 말했지만, 내 실력이 나아지는 건 사실이었다. 그래서 이지훈의 잘난 척이 싫지는 않았다.

그 후로 하루, 이틀, 사흘, 나흘이 지나고 벌써 한 달이 다 되어갈 때쯤, 엄청난 일이 일어나고 말았다.

그날도 쉬지 않고 연습하던 중 내가 물었다.

"야, 이지훈! 우리 끝나고 편의점 콜?"

나는 이지훈이 대답하면 바로 갈 기세로 말했다.

"오키 콜!"

우리는 연습을 끝내고 편의점으로 달려갔다.

"야 맛있냐?"

이지훈은 내가 먹는 쭈쭈바를 보고 물었다. 난 놀리는 말투로 대답했다.

"응 겁나 맛있어. 너도 드실?"

난 쭈쭈바를 쭙쭙 빨며 말했다.

"네가 쏘는 거지?"

"에이 기분이다! 먹고 싶은 거 먹어!"

난 인심 쓰는 듯 말했다. 이지훈은 역시나 제일 좋아하는 상어바를 집어왔다.

"야, 너 그 소식 들었어?"

이지훈이 상어바를 한입 베어 물면서 말했다.

"무슨 소식?"

난 이지훈의 말이 무엇인지 궁금해졌다.

"우리 학교에서 방송 촬영한대. 그 '샤이닝스타' 있잖아."

"헐! 야 우리 다이어트하자."

내가 이지훈한테 말했다.

"갑자기?"

이지훈은 놀라며 말했다.

"야! 우리가 돋보일 수 있는 기회인데. 이 기회를 놓치면 안 되지!"

"그렇긴 하지."

지훈이는 고개를 끄덕이며 대답했다.

"그러니까! 다이어트하자고! 우리 방송에서 잘 보여야지!"

내가 의지를 활활 불태우며 말했다.

"오키! 내일부터 열심히 하자!"

지훈이도 나와 생각이 비슷한 것 같았다.

"그나저나 촬영 날짜는 언제야?"

"오늘이 7월 11일이니까 촬영 날짜는 8월 10일이야."

"한 달 남았네. 파이팅!"

나는 두 주먹을 불끈 쥐며 말했다.

"아무튼 잘해보자! 한 달 정도 남았다!"

"오늘 마음껏 먹어야 해."

"그래 그러자. 다이어트는 내일부터!"

그러고 나서 한 달이 지났다. 그동안 난 춤 연습을 무진장 열심히 했다.

"오늘이네!"

내가 떨린 듯이 말했다.

"안녕하세요? '샤이닝스타' 촬영하러 왔는데요."

방송국 PD들이 차를 몰고 학교로 왔다. 방송 준비가 끝나고 출연할 아이들이 모였다.

"자 시작할게요! 레디~ 액션!"

난 심장이 너무 떨렸다.

"괜찮아 할 수 있어."

이지훈은 나에게 용기를 주었다. 나에겐 그 한마디가 힘이 되었다.

음악이 시작되고 우리는 연습한 대로 춤을 추었다. 그날따라 음악을 따라 몸이 신나게 움직였다. 우리는 연습한 것 이상으로 춤과 노래를 잘했다. 왠지 방송에서 많은 사람들이 박수를 쳐줄 것 같았다.

방송 촬영이 모두 끝나고 지훈이와 함께 집으로 가는 길에 내가 말했다.

"으아! 후련하다."

내가 기지개를 켜며 말했다. 정문을 나가려는데 촬영 모습을 본 사람들이 우리를 불렀다. 캐스팅 요청이 끝없이 들어왔다. 집으로 돌아와서 내가 물었다.

"넌 어떤 엔터테인먼트 갈래?"

"난 네가 가는 데 갈 건데?"

"난, SN 갈래."

나는 SN으로 가는 것으로 결정했다.

"고마워."

"뭐가?"

"네 덕분에 합격했어. 고마워."

"그럼 나랑 사귀자 채영아."

"좋아. 근데 장난은 아닌 거지?"

나는 의미심장한 미소로 말했다.

"응 장난 아니야."

"그럼 알겠어. 사귀자."

우리는 둘 다 SN 기획에서 데뷔를 준비했다.

"오늘은 유명한 2인조 혼성그룹이죠. 다이즈 모시겠습니다!"

"안녕하세요! 다이즈 리더인 빈채영입니다."

"안녕하세요! 다이즈 메인보컬 이지훈입니다."

그렇다. 우리는 사귄다는 편견을 깨고 아이돌로 데뷔했다. 우리의 작은 연습이 모여 이런 큰일이 일어났다. 학교 연습실에서 조금씩 쌓인 실력이 모여서 빛을 발하게 되었다. 이런 게 바로 *티끌 모아 태산* 일까?

티끌 모아 태산

● 속담 뜻풀이

아무리 작은 것이라도 모이고 모이면 나중에 큰 덩어리가 됨을 비유적으로 이르는 말.
[비슷한 표현] 낙숫물이 바위를 뚫는다.

● 이런 문장 저런 문장

① '티끌 모아 태산'이란 말이 있듯이 난 공부를 꾸준히 해서 100점을 맞을 거야.
② 매일 100원씩 모으면 티끌 모아 태산 되는 것처럼 1년에 36,500원을 모을 거야!
③ 티끌 모아 태산처럼 흙들이 모이고 모이면 산이 될 거야!

혀 아래 도끼 들었다

혀 아래 도끼 들었다

어느 마을에 춘식이와 준범이가 살았다. 춘식이와 준범이는 사이가 좋았다. 둘은 아주 친했다. 어느 날, 학교 쉬는 시간에 춘식이가 준범이 험담을 하는 것을 봤다.

"야, 준범이 못생기지 않냐?"

준범이는 그 뒤로 춘식이가 싫어졌다. 점심시간에 준범이가 춘식이를 찾아가 말했다.

"야, 김춘식! 일로 와! 야 이 XX야! 너 나 뒷담했지? XX야, 너 맞을래?"

준범이는 욕을 마구 쏟아냈다. 그 말을 하고 준범이는 복도로 나갔다.

'어떻게 그럴 수 있지! 나랑 가장 친한 친구 준범이가? 짜증 나 나도 이제 안 참아!'

춘식이는 집에서 혼자 방에서 울고 있었다. 그러자 엄마가 춘식이 방에 와서 위로해 주셨다. 춘식이는 차츰 마음이 가라앉아서 학교에서 있었던 것을 엄마에게 얘기하였다.

"엄마, 준범이가 저한테 심한 말을 했어요."

"뭐라고? 엄마가 준범이 엄마한테 전화해 볼게!"

엄마가 춘식이의 말을 듣고 전화를 걸었다. 엄마도 화가 많이 난 것 같았다.

"여보세용? 춘식이 엄마 무슨 일이에요?"

"준범이 엄마!"

"깜짝이야!"

"깜짝이야? 당신 아들이 우리 춘식이한테 욕을 퍼부었대!"

"애들이 그럴 수 있지 뭐 그런 거 갖고 그래요! 나 지금 바쁜 일이 있으니 끊을게요!"

전화는 그대로 뚝 끊어졌다.

"안 되겠다."

춘식이 엄마는 다시 선생님한테 전화했다.

"안녕하세요? 어머니."

"네 안녕하세요? 준범이라는 아이가 우리 애한테 욕을 했대요. 그래서 지금 울고 있어요. 그래서 내일 상담을 부탁합니다."

"네, 알겠습니다. 시간을 내서 내일 상담하겠습니다."

"네 선생님만 믿겠습니다."

"뚝!"

다음 날 학교, 아침부터 선생님이 준범이를 데리고 갔다. 준범이는 선생님과 상담실로 갔다. 선생님이 말씀하셨다.

"준범아 '혀 아래 도끼 들었다.'라는 말을 아니?"

"아니요."

준범이는 선생님의 말씀이 무슨 뜻인지 몰랐다. 선생님이 차근히 준범이에게 말해주었다.

"'혀 아래 도끼 들었다.'는 말은 별생각 없이 한 말도 듣는 사람에게 상처를 줄 수 있다는 뜻이야. 춘식이는 네가 한 말 때문에 상처를 받았을 거야."

"저는 춘식이가 제 험담을 해서 화가 나서 그랬어요. 제가 심하게 말한 점은 죄송합니다."

"네 마음도 이해하지만 그래도 춘식이가 상처를 받았으니 춘식이에게 사과하자."

"네 진심으로 사과할게요."

선생님은 준범이가 잘못을 깨달아서 마음이 놓였다. 쉬는 시간에 준범이가 춘식이한테 가서 사과를 했다.

"춘식아 미, 미안해."

"괜찮아. 사과해 주어서 고마워."

춘식이가 말했다.

"나도 너에 대한 험담을 해서 미안해."

"나도 괜찮아."

여러분 '혀 아래 도끼 들었다.'는 말을 아시나요?

말을 잘못해서 친구의 마음에 상처를 줄 수 있습니다.

이럴 땐 이런 속담

혀 아래 도끼 들었다

● 속담 뜻풀이

말을 잘못하면 재앙을 받게 되니 말조심을 하라는 말.
[비슷한 표현] 혀 밑에 죽을 말 있다.

● 이런 문장 저런 문장

① 아무리 화가 나도 혀 아래 도끼 들었다는 말을 생각하자.
② 말을 할 때 혀 아래 도끼 들었다는 생각하고 말을 하자.
③ 혀 아래 도끼가 들어 있어. 말을 함부로 하면 상대방이 상처받잖아.

호랑이 굴에 들어가야 호랑이를 잡는다

호랑이 굴에 들어가야 호랑이를 잡는다

우리의 현우는 오늘도 역시 게임을 하고 있다. 현우는 게임을 좋아하는 것을 넘어 게임에 빠져 살아가는 친구다.

"히힛, 역시 게임은 재미있다니까. 아 근데 시험이 이틀 남았는데 어쩌지?"

시험이 며칠 남지 않았는데도 현우는 게임이 눈앞에 계속 생각났다. 공부를 해야 하지만 게임 생각에 책을 펼 수 없었다.

그 순간, 어디선가 날카로운 엄마 목소리가 날아왔다.

"너! 또 게임하지? 빨리 공부해! 시험 이틀 남았다며. 너 70점 이상으로 못 받아오면 집에서 쫓겨날 줄 알아!"

엄마의 말에 현우는 심장이 쿵쾅쿵쾅 뛰었다. 그리고 망했다는 생각이 눈앞에 지나갔다.

"알겠어요."

현우의 목소리는 축 처져 있었다.

'아, 진짜! 하면 될 것이지 뭐 이렇게 잔소리를 하시는 거야 짜증 나게…….'

"흠, 근데 진짜 쫓겨날지도. 공부해야겠다!"

현우는 책을 가져와 책상에 앉았다. 하지만 공부보다는 게임 화면이 자꾸 눈앞에 나타났다. "이번 주 시험이 뭐였지?"

시험 과목도 모르는 현우는 학급누리집을 켜서 알림장을 확인했다.

"으악! 내가 제일 싫어하는 수학이잖아. 진짜 싫다."

첫 시험 과목이 수학이란 것을 알고 현우는 절망스러웠다. 왜냐하면 현우가 가장 싫어하는 과목이 수학이었기 때문이다.

'음, 엄마한테 과학이라고 거짓말할까? 아냐. 거짓말치고 10점 맞아 오면……. 끔찍하네.'

현우는 엄마에게 혼날 것은 걱정되면서도 수학 공부는 하기 싫었다. 그래서 자꾸만 딴생각만 났다.

'잠깐만, 과학이랑 수학이랑 비슷하니까 과학을 공부하면 뭔가 되지 않을까?'

"그러면 과학을 공부해야겠다!"

현우는 과학 공부를 정말 열심히 하였다. 이때만큼은 잠시 게임을 잊고 과학 공부를 열심히 했다.

수학시험 당일, 현우는 자신감에 가득 차서 시험을 쳤다.

'자신 있어! 뭔가 100점 받을 것 같은데?'

과학 공부를 정말 열심히 했기 때문일까? 현우는 정말 시험에 자신이 생겼다.

"오늘 운이 너무 좋아!"

시험 치는 내내 현우는 왠지 모를 자신감이 가득했다. 하지만, 시험 점수가 나온 날 현우는 절망에 빠졌다.

"으악!"

'아니 무슨 점수가 이렇지? 100점 만점에 20점? 난 죽었다. 열심히 공부했는데 왜 이러지? 하! 시험지는 엄마 몰래 침대에 숨겨야지.'

그렇게 현우는 자기 방으로 가는데…….

"현우야? 멈춰봐. 시험지가 왜 거기서 나와? 어디서 시험지를 숨기려고 해! 진짜 쫓겨나고 싶어?"

"엄마 그, 그게 아니라."

엄마에게 들킨 현우는 가슴이 미친 듯이 뛰었다.

'으악! 엄마가 왜 저기서 나와?'

"선생님께 네 시험 점수 다 들었다. 너 시험 점수 20점이지? 엄마는 널 믿었는데 말이야. 공부했잖아, 근데 왜 점수가 이 모양이니?"

"그게……. 수학이 싫어서 과학 공부를 했어요."

엄마는 너무 어이가 없었다. 그래서 이렇게 꾸짖었다.

"후, 이런 속담이 있어 현우야. 호랑이 굴에 들어가야 호랑이를 잡는다고 말이야. 근데 너는 토끼 굴에 가서 호랑이를 찾고 있니? 수학이 어려우면 수학을 공부해야지. 다음엔 제대로 해보자."

그렇게 현우는 혼이 나고 수학 공부를 제대로 했다. 게임도 잊고 강의도 듣고 문제집도 풀며 열심히 공부했다. 현우 인생에서 이렇게 공부한 건 처음일 것이다.

 드디어 현우는 엄청난 노력 끝에 100점을 받았다. 그러자 어머니께서 칭찬해 주셨다.
 "이번에는 정말 호랑이 굴에서 호랑이를 잡아 왔구나. 기특하네. 엄마가 오늘 20계 치킨 2마리 사줄게."
 "앗싸! 20계 치킨 2마리!"
 그렇게 현우는 치킨 2마리를 정말 맛있게 먹었다. 현우는 그렇게 수학을 정말 잘하는 아이가 되었다.

이럴 땐 이런 속담

호랑이 굴에 들어가야 호랑이를 잡는다

● **속담 뜻풀이**

어려운 일을 해내기 위해서는 어려운 일에 맞부딪혀야 한다는 뜻.
[비슷한 표현] 범의 굴에 들어가야 범을 잡는다.

● **이런 문장 저런 문장**

① 맨날 그렇게 말만 하지 말고 일자리를 알아봐. 호랑이 굴에 들어가야 호랑이를 잡지.
② 걱정만 한다고 일이 되니? 호랑이 굴에 들어가야 호랑이를 잡는 법이야.
③ 머뭇거리지 말고 일단 하는 거야. 호랑이를 잡으려면 호랑이 굴에 들어가야지!

초판 1쇄 발행 2024. 1. 29.

지은이 대구강림초등학교 5학년 3반 친구들
엮은이 김대조
펴낸이 김병호
펴낸곳 주식회사 바른북스

편집진행 김재영
디자인 양헌경

등록 2019년 4월 3일 제2019-000040호
주소 서울시 성동구 연무장5길 9-16, 301호 (성수동2가, 블루스톤타워)
대표전화 070-7857-9719 | **경영지원** 02-3409-9719 | **팩스** 070-7610-9820

•바른북스는 여러분의 다양한 아이디어와 원고 투고를 설레는 마음으로 기다리고 있습니다.

이메일 barunbooks21@naver.com | **원고투고** barunbooks21@naver.com
홈페이지 www.barunbooks.com | **공식 블로그** blog.naver.com/barunbooks7
공식 포스트 post.naver.com/barunbooks7 | **페이스북** facebook.com/barunbooks7

ⓒ 대구강림초등학교 5학년 3반 친구들, 2024
ISBN 979-11-93647-22-6 73710

•파본이나 잘못된 책은 구입하신 곳에서 교환해드립니다.
•이 책은 저작권법에 따라 보호를 받는 저작물이므로 무단전재 및 복제를 금지하며,
 이 책 내용의 전부 및 일부를 이용하려면 반드시 저작권자와 도서출판 바른북스의 서면동의를 받아야 합니다.